近畿弁護士会連合会 編

生活保護と扶養義務

ケース記録文例収録

発行 民事法研究会

発刊にあたって

　近畿弁護士会連合会（略称「近弁連」）は、大阪高等裁判所の管轄区域内にある大阪弁護士会、京都弁護士会、兵庫県弁護士会、奈良弁護士会、滋賀弁護士会、そして和歌山弁護士会の6つの弁護士会で構成している弁護士会の連合会です。

　当連合会には、現在、人権擁護委員会、公害対策・環境保全委員会、消費者保護委員会、子どもの権利委員会など19の委員会が設置されており、それぞれが当連合会としての重要な活動を担っており、その活動の一環として、例年、7月から9月にかけて、各委員会において夏期研修会を開催しています。

　人権擁護委員会においては、毎年、現在わが国社会が抱えている重要な人権課題として社会的に話題性のある問題を題材とした夏期研修を企画しており、一昨年（2012年）は「ヘイトスピーチ」、昨年（2013年）は「セクシュアル・マイノリティ」をテーマとして取り上げました。

　本年（2014年）は「生活保護と扶養義務のあり方」をテーマとする夏期研修会を7月12日㈯神戸クリスタルホールにおいて開催しました。本書は、本年の夏期研修会の実施に際し、同実行委員会が調査・作成した報告書がベースとなっています。

　ご記憶の方も多いと思いますが、生活保護と扶養義務の問題をめぐっては、2012年春、人気お笑いタレントの母親が生活保護を利用していたことに対し、一部国会議員やマスコミによる激しいバッシングが巻き起こりました。これは成人した子が老親を扶養するのは当然だとする発想によるものであり、親はわが子を愛情を持ってきちんと育てるものであるとの前提に立っています。しかし、研修会で紹介された「当事者の声」にもあるように、現実にはそうでない親子関係もたくさんあります。幼少期に虐待あるいはネグレクトを受けた子が、親子という身分関係にあることだけを理由に、成人後は老親を扶

発刊にあたって

養しなければならないというのは、自助の原則に照らして当然だといえるのでしょうか。

　また、現在家庭裁判所で広く用いられている「養育費・婚姻費用の算定方式と算定表」では、扶養義務者の基礎収入が最低生活費を下回る場合においても、養育費分担義務を免れないものとされています。しかし、「生活保持義務」を根拠に最低生活費以下の収入の中からさらに養育費・婚姻費用の支払を求めることは生存権保障の観点から許されるのでしょうか。

　現在、国は、増大する社会保障費抑制の要請のもとに、資本主義社会における自助の原則を強調して私的扶養を強化することにより、生存権保障の国家責任を国民に転嫁しようとしています。このような情勢下において、これ以上の生存権保障の後退を招かないためには、私たち一人ひとりが、今、あらためて扶養義務（私的扶養）と生活保護（公的扶助）のあり方を議論し、理解を深めておくことが不可欠です。そのための一助として本書をご利用いただければ幸いです。

2014年10月

近畿弁護士会連合会理事長　藪野　恒明

目次

序章 今なぜ扶養義務と生活保護の関係を議論するのか……1

〈当事者の声①〉 家族って何ですか？……4
〈当事者の声②〉 35年音信不通の父の扶養を求められて……6

第1章 バッシング報道から「改正」生活保護法まで……9

I 近年の生活保護「改正」への動き……9
1 社会保障・税一体改革成案まで……9
2 社会保障・税一体改革大綱……9

II 「不正受給」バッシング報道……10
III 社会保障制度改革推進法……10
IV 大阪市の「仕送り額のめやす」……11
V 生活保護法の一部を改正する法律……12

第2章 日本における扶養制度……13

I 沿革……13
1 明治前期……13
2 旧民法（1890年（明治23年）制定）……13
3 明治民法（1896年（明治29年）制定）……14

II 現行民法における扶養義務の構造……14

目 次

　　1　扶養義務者の範囲（絶対的扶養義務者と相対的扶養義務者）………14
　　2　扶養の順位・程度・方法……………………………………………15
Ⅲ　扶養義務者の範囲および扶養義務の内容に関する議論…………16
　　1　資本主義社会における親族扶養の位置づけ………………………16
　　2　扶養義務者の範囲……………………………………………………17
　　　(1)　学説の状況………………………………………………………17
　　　(2)　家庭裁判所における扶養関係事件の状況および諸外国との
　　　　　比較…………………………………………………………………19
　　　(3)　あるべき扶養義務者の範囲……………………………………20
　　3　扶養義務の内容………………………………………………………20
　　　(1)　生活保持義務と生活扶助義務（扶養義務二分説）…………20
　　　(2)　二分説に対する批判と修正——生存権保障・公的扶助との
　　　　　関係の視点から……………………………………………………21
　　　(3)　生活保持義務の内容についての最近の学説状況……………22
Ⅳ　生活保護と扶養義務の関係……………………………………………24
　　1　扶養は保護の要件ではない…………………………………………24
　　　(1)　「保護に優先」するという意味………………………………24
　　　(2)　扶養請求権の行使が保護の要件となり得る場合……………25
　　　(3)　次官通知第5は是正されるべきである………………………26
　　2　生活保護実務上の扶養義務の取扱い——違法な水際作戦の
　　　常套手段…………………………………………………………………27
　　3　扶養義務者に対する扶養圧力強化の動き…………………………28
　　　(1)　生活保護法の改正………………………………………………28
　　　(2)　大阪市による「仕送り額のめやす」…………………………32
　　4　扶養義務を果たさない扶養義務者に対する費用徴収……………33

第3章　生活保護実務における扶養調査のあり方 ……………35

- Ⅰ　はじめに …………………………………………………35
  - 1　扶養調査の眼目は何か ……………………………35
  - 2　問題のある扶養照会の横行 ………………………35
  - 3　ケースワーカーの立場から ………………………36
  - 4　生活困窮当事者・支援者の立場から ……………37
- Ⅱ　民法上の扶養義務者 ……………………………………37
- Ⅲ　扶養義務者の存否確認 …………………………………39
- Ⅳ　扶養の可能性調査 ………………………………………40
- Ⅴ　重点的扶養能力調査対象者 ……………………………41
- Ⅵ　扶養義務の履行が期待できると判断された場合の取扱い ……41
  - 1　重点的扶養能力調査対象者 ………………………41
    - (1) 実施要領の記載 ………………………………41
    - (2) 実態と対応策 …………………………………43
  - 2　重点的扶養能力調査対象者以外の者 ……………44
- Ⅶ　扶養義務の履行が期待できないと判断された場合の取扱い ……44
  - 1　生活保持義務関係にある場合 ……………………45
  - 2　生活保持義務関係ではない場合 …………………45
- Ⅷ　扶養義務者の扶養能力等に変動があったと予想される場合等の調査 ……………………………………………46

第4章　家庭裁判所の実務状況 …………………………47

- Ⅰ　扶養関係事件数の推移と内訳 …………………………47
  - 1　扶養事件 ……………………………………………47

目次

  2　統計からみえてくるもの……………………………………47
   (1)　兄弟姉妹間での扶養事件の利用はほとんどないこと………47
   (2)　老親扶養が問題の中心であること………………………48
   (3)　扶養事件数の下げ止まりと審判事件の急増………………49
  3　分　析………………………………………………………51
   (1)　兄弟姉妹間の扶養……………………………………51
   (2)　老親扶養……………………………………………51
   (3)　親族関係……………………………………………51
 Ⅱ　**生活保護と扶養に関する裁判例**………………………………52
  1　調査した裁判例……………………………………………52
  2　調査結果と分析……………………………………………52
  3　裁判例の概要………………………………………………53
   (1)　生活保持義務関係であっても、自己の生活を最低生活費以
    下にしてまで扶養する義務はないとしたケース………………53
    ㋐　東京家裁昭和37年7月23日審判………………………53
    ㋑　大阪家裁昭和57年5月29日審判………………………55
    ㋒　水戸家裁昭和46年1月14日審判………………………57
    ㋓　札幌家裁昭和48年3月24日審判………………………58
    ㋔　旭川家裁昭和46年12月2日審判………………………59
    ㋕　神戸家裁尼崎支部昭和48年9月18日審判………………60
   (2)　扶養義務者が経済的に余力がないと主張したにもかかわら
    ず扶養義務を認めたケース………………………………60
    ①　東京高裁平成24年8月29日判決………………………60
    ②　大阪高裁平成6年4月19日決定………………………62
    ③　秋田家裁昭和48年10月22日審判………………………65
 Ⅲ　**「養育費・婚姻費用の算定方式と算定表」**…………………68
  1　「養育費・婚姻費用の算定方式と算定表」の提案と実務への
   定着……………………………………………………68
  2　「算定表」における養育費分担義務の取扱い……………………69

vi

目　次

第5章　諸外国の状況 …………………………………………72

Ⅰ　スウェーデン………………………………………………72
1　扶養義務…………………………………………………72
(1)　概　要…………………………………………………72
(2)　夫婦間の扶養義務……………………………………72
(3)　独立前の子に対する親の扶養義務…………………72
(4)　小　括…………………………………………………73
2　生活保護…………………………………………………73
(1)　生活保護における扶養義務の位置づけ……………73
(2)　扶養義務がある場合の扱い…………………………74
(3)　扶養義務がない場合の扱い…………………………74
(4)　小　括…………………………………………………75
3　扶養義務と生活保護……………………………………75
(1)　一般的な扶養義務……………………………………75
(2)　子に対する扶養義務（養育費）……………………76

Ⅱ　フランス……………………………………………………76
1　民法（フランス家族法）上の扶養義務………………76
(1)　明文規定のある扶養義務……………………………76
(2)　性質等…………………………………………………77
2　フランスの社会保障制度………………………………78
3　フランスの「生活保護制度」…………………………78
(1)　活動的連帯手当（RSA）……………………………78
(2)　RSA の具体的な内容…………………………………79
4　活動的連帯手当と扶養義務……………………………80
(1)　RSA の規定……………………………………………80
(2)　具体的な運用状況……………………………………81

Ⅲ　ドイツ………………………………………………………82
1　私法上の扶養義務………………………………………82

vii

目 次

　　　(1) 民法上の扶養義務……………………………………………………82
　　　(2) 血族扶養（一般）と子に対する扶養………………………………82
　　2　公法上の扶助——社会法典第12編………………………………………84
　　　(1) 社会扶助受給権の発生要件…………………………………………84
　　　(2) 社会扶助の補足性……………………………………………………85
　　　(3) 扶養請求権の移転……………………………………………………85
　　　(4) 子の扶養に関する特別規定と教育扶助制度との関係……………86
　　3　考　察…………………………………………………………………………87
Ⅳ　イギリス……………………………………………………………………………87
　　1　私法上の扶養義務……………………………………………………………87
　　　(1) 扶養義務の範囲………………………………………………………87
　　　(2) 親の未成熟子に対する扶養義務——養育費制度の歴史…………87
　　2　公的扶助………………………………………………………………………91
　　3　扶養義務と公的扶助の調整…………………………………………………92
　　4　まとめ…………………………………………………………………………92
Ⅴ　アメリカ……………………………………………………………………………93
　　1　扶養義務の考え方……………………………………………………………93
　　2　扶養義務の履行方法——とりわけ公的扶助制度を利用する場
　　　合を想定して…………………………………………………………………93
　　3　養育費強制プログラムの内容………………………………………………94
　　　(1) 行政による徴収のしくみ……………………………………………94
　　　(2) 非監護親（養育費支払義務を負う親）の居所探索………………95
　　　(3) 法的父子関係の確定…………………………………………………95
　　　(4) 養育費支払命令の確定………………………………………………95
　　　(5) 養育費の徴収…………………………………………………………96
　　4　背景と評価——運用上の問題点……………………………………………97

第6章　生活保護と扶養義務のあり方についての提言 ……………… 100

《趣旨／理由》……………………………………………………………… 100
  1　民法上の扶養義務者の範囲について
  2　扶養義務の程度（養育費分担義務）について
  3　扶養調査のあり方について
  　(1)　慎重な配慮の必要性
  　(2)　厚生労働省通知徹底の必要性
  　(3)　厚生労働省通知是正の必要性
  　(4)　大阪市の「仕送り額の『めやす』」は廃止が必要
  4　改正法の運用のあり方について
  5　扶養義務の履行に対する公権力介入のあり方について

特別寄稿　民法上の扶養義務と生活保護 ………… 110

  Ⅰ　民法上の扶養義務と扶養義務二分説 ………………………… 110
  Ⅱ　夫婦間の扶養義務と親の未成熟子に対する扶養義務
  　（生活保持義務） ……………………………………………… 112
  　1　婚姻中における扶養義務 ………………………………… 112
  　2　離婚後における父母の未成熟子に対する扶養義務 …… 113
  Ⅲ　抽象的扶養義務と具体的扶養義務 …………………………… 114
  Ⅳ　親の未成熟子に対する扶養義務の明記と国の責任 ………… 115

目 次

資 料

① 生活保護法における扶養義務に関する次官通知・局長通知・課長通知……………………………………………………… 117
② 生活保護法における扶養義務に関する「生活保護問答集」の抜粋……………………………………………………………… 123
③ 「生活保護法の一部を改正する法律」新旧対照表（扶養義務にかかる部分を抜粋）…………………………………… 128

・参考文献等……………………………………………………… 131
・関係者一覧……………………………………………………… 133

《凡例》
生活保護手帳2014　『生活保護手帳2014年度版』（中央法規、2014年）
別冊問答集2014　　『生活保護手帳　別冊問答集2014』（中央法規、2014年）

序章　今なぜ扶養義務と生活保護の関係を議論するのか

　人気タレントの母親が生活保護を利用していたことに端を発した「生活保護バッシング」。その帰結として、2013年12月、「改正」生活保護法が成立した。同法は扶養義務者に対する調査権限の強化等を内容としている。そして、同法の施行を先取りするかのように、大阪市が「仕送り額のめやす」を定めるなど、法の施行を待たずに扶養義務者への圧力を強める動きもみられる。

　また、2003年4月に東京・大阪養育費等研究会により発表された養育費・婚姻費用の「算定表」では、「生活保持義務の考え方からすれば『少ないパンでもわが子と分かち合うべき』であり、義務者の免責と生活保持義務の考え方とは矛盾を孕んでいた」などとして、従前の家庭裁判所実務の取扱いを変更し、扶養義務者の基礎収入が最低生活費を下回る場合においても、養育費分担義務を免れないものとした。そして、この「算定表」に基づく運用が実務に定着しつつある。

　現在、国は、少子高齢化社会の加速等により増大する社会保障費を抑制するため、自助の原則を強調し、私的扶養の強化を図ろうとしている。上記生活保護法の「改正」も、その一環として行われたものである。しかし、他方で、長引く不況や低賃金・非正規雇用の増大をはじめとする雇用の不安定化等により国民経済は疲弊しており、自己の生活を維持することすら容易ではなく、とても他者の扶養にまで手が回らないという状況が広がっている。このような状況の下で、私的扶養を強化し、貧困に対する国家責任を大衆に転嫁することがどこまで許されるのであろうか。扶養義務と生活保護の関係はどうあるべきであろうか。

　これは、大きくは、資本主義社会における個人の生活自己責任（自助）の原則と生存権保障の国家責任の関係の捉え方にもかかわってくる問題である。

序章　今なぜ扶養義務と生活保護の関係を議論するのか

　近畿弁護士会連合会では、この問題を取り上げ、2014年7月12日、「今、改めて生活保護と扶養義務のあり方を考える～生存権保障が空洞化する前に」とのテーマの下、2014年度近畿弁護士会連合会人権擁護委員会夏期研修会を開催した。本書は、同研修会の資料として実行委員会が作成した報告書をもとに書籍化したものである。基本的内容に変更はないが、読みやすさを考え、体裁や記述の順序等について若干変更した。また、私的扶養を過度に強調することによる弊害をリアルに感じ取っていただくため、上記研修会でも「当事者の声」として紹介した、DVが原因で両親が離婚して以来35年間音信不通であった父の扶養を突然求められた女性、および、精神障害を持ち生活保護を利用している母親と世帯分離して専門学校に通う女性からの手紙をそれぞれコラムとして取り上げた。さらに、実際に扶養調査を担う生活保護実施機関の担当者にも本書を活用していただけるよう、「生活保護実務における扶養調査のあり方」と題する章を新たに設け、「ケース記録記載文例」を掲載するなど記述を充実させた。

　本書においては、現在漠然と議論されている感のある扶養義務について、歴史的・理論的背景、現行法の規定および学説を整理することにより、まずは、そもそも扶養義務とは何か、扶養義務者の範囲および扶養義務の程度は現行法上どのように規定されておりどのように解釈すべきかについて正しい理解を得ることをめざした。

　そのうえで、わが国の学説や家庭裁判所における扶養に関する事件数の推移や養育費の分担義務に関する審判例・裁判例を調査し、さらに先進諸外国が扶養義務者の範囲および扶養義務の程度についてどのような制度を採用しているのかを学習することを通じて、わが国における扶養義務者の範囲および扶養義務の程度はどうあるべきかについて考察した。

　同時に、生活保護法上の扶養義務の位置づけや現場における運用状況とその問題点を確認し、扶養義務に関する上記の考察を踏まえつつ、「扶養義務と生活保護の関係」について掘り下げて考察し、あるべき方向性を示したい

と考えた。

　上記のとおり、自助の原則の強調により私的扶養への圧力が強まる中、本書が、あるべき扶養義務と生活保護の関係を考えるうえでの一助になれば幸いである。

　　（近畿弁護士会連合会人権擁護委員会2014年度夏期研修実行委員会

　　　　　　　　　　　　　　　　　　委員長　安永一郎）

序章　今なぜ扶養義務と生活保護の関係を議論するのか

> **当事者の声①**　家族って何ですか？
>
> 　私は専門学校2年生の19才です。
> 　将来、子どもに関わる仕事につくため、昼間働きながら、保育の夜間学校に通っています。私の親は精神障害を持っており生活保護を受給しています。現在は、世帯分離をして生活しています。
> 　私が幼い頃、母親はギャンブル依存症や買い物依存症になり、借金をするまでになりました。一度、自己破産もしています。ただ、いまだに借金を抱えています。
> 　私が、借金を抱えていることを知ったのは高校に入ってからでした。
> 　知ってからじゃ遅すぎて、手に負えない状況でした。
> 　現実が大きすぎて、本当にショックだったことを今だに覚えています。
> 　母親は生活が苦しすぎて自殺を考えたこともありました。
> 　自分が知らないうちにこんな状況になっていて、気づいた時にはすっかり遅くなっていました。借金のことを知らなかった時よりも、たくさんの現実を知った今がしんどいです。
> 　普通の生活がしたいと思うことはたくさんありました。
> 　私が今思うこと。それは…
> 　養いたいと思えない親をなぜこどもが養わなければならないのか。という扶養義務についてです。『家族』って何ですか？
> 　『家族だから』『血がつながっているから』というだけで愛が伝わってこない家族を、私は家族と思いたくないです。私は、いつも母を求めているのに答えてくれない、そして、期待すればするほど、裏切られて悲しむだけ。毎日同じ繰り返しです。
> 　私が保育の専門学校に行く事を決意した理由の一つは、自立を求めるためでもありました。
> 　「母親は好きだけど、離れないといけない」「これ以上一緒にいると、自分の人生がぐちゃぐちゃになってしまう」「毎日、悲しむことに疲れた」というたくさんの思いがありました。
> 　毎日考えていたこと、「普通の生活が欲しい」「普通の幸せがほしい」という

ことです。
　「家に帰って、ただいま、といえる環境」「あったかいご飯がある幸せ」「勉強ができる環境」「両親がいる幸せ」など悔しいほどたくさんでてきます。
　この環境に生まれた以上、そんなことを言っても仕方がないのは十分わかっています。
　だからこそ、将来、「こどもたちの居場所を作りたい」と強く思い専門学校に進学しました。
　生活保護があり、奨学金を借していただき、今の自分があることに本当に感謝をしています。
　ただ、扶養義務については疑問に思うことがたくさんあります。
　学校を卒業し、奨学金の返済も始まり、自分で生活していく中で、「家族」という言葉一つで親を養っていくことは、自分が本当に歩みたい人生ですら歩めたものじゃないです。
　生活保護受給家庭のこどもたちは、生まれたくてこの環境に生まれた訳じゃないです。
　だから、せめて将来だけは、自分の人生を歩みたいです。

序章　今なぜ扶養義務と生活保護の関係を議論するのか

> **当事者の声②**　35年音信不通の父の扶養を求められて
>
> 　私は大阪府高石市に住む55歳の女性です。3人姉妹の長女として現在は14年前に「くも膜下出血」を患った母親を引き取り介護しています。娘が2人いるのですが、いずれも正規の仕事についておらず、長女は母の介護を手伝ってもらいながら、夜間の専門学校に通学しています。フルタイムで働いている私自身の生活も決して「ゆとり」があるわけではないのが実情です。
> 　そんな生活をしている私のもとに今年3月13日、住之江区役所から扶養照会の通知が届きました。
> 　通知は、私だけでなく、2人の妹たち、私の娘や妹の子供たちを含めて、7通が送られていました。
> 　その内容は、昨年12月に生活保護の受給を開始した人物と他一名の扶養を求めるものでした。
> 　通知に書かれていた人物の名前を最初に見たとき「この人はいったい誰？」という疑問が沸いたのですが、すぐにこの人は35年以上前、母と離婚した自分の父親ではないかと思い当たりました。すぐに分からなかったのは、父の苗字が変わっていたからです。
> 　当然、妹たちも届いた通知が何のことなのか意味がわからなかったと話していました。孫である子供たちにとっては、生まれたときには顔を見たことも無い関係なのです。
> 　父親は、私たち姉妹が物心つくころよりギャンブル漬けの生活で家庭にまともに生活費を入れない人でした。ギャンブルで負けてはサラ金に手を出し、当時勤めていた会社のお金を遣いこみ解雇されたため、私が小学生のころに母は水商売に働きに出るようになりました。父はそれでもギャンブルを止めることなく、学校から帰宅すると自宅には差し押さえの札が貼られていたことや、両親が不在の夜にサラ金から取り立ての電話が頻繁にかかってくる、という子供時代を送ってきました。
> 　仕事から深夜に帰宅した母を、父が大声で罵倒し暴力を振るうため、寝ていても目を覚ましてしまう日も少なくありませんでした。
> 　高校卒業後は医療機関で働くこととなりましたが、「父が作った借金の返済

のために働きにでている母がなぜ殴られなければならないのか？」「こんな生活をこれからも続けていくのか？」という遣り切れない思いを父に話すと、今度は私にも暴力を振るうようになりました。19歳のときには顔を何度も殴られ、前歯も折れ3針縫うようなケガをしました。

そして私への暴力がきっかけとなり、両親は離婚することになりました。今から35年以上前のことになります。

私たち姉妹にとっては思い出したくない過去の出来事です。

私が働く医療機関では無料低額診療事業に取り組んでいますので、生活に困窮している患者様の相談活動にあたることがあります。その中で、シングルマザーでDVから逃れているため保護申請をためらう人、非正規の日雇い生活で家族6人やっとの生活をしているのに、車や家を手放さなければ保護を受け付けてもらえないとあきらめている人などの相談にのってきました。

そのため、生活保護行政の矛盾やあり方についても知らない訳ではなかったのですが、今回、自分のもとに扶養照会が送られてくるまで当事者意識はなかったのです。自分たちが当事者となって「こんなことは誰にでも起こるんだ」と改めて実感しました。

住之江区からの通知を受け取り、まず感じたのは「怒り」でした。すぐに妹たちにも連絡し、同様の通知が届いていることを知りましたが、驚くべきことに妹の大学生の娘にまで扶養照会が送られている事実に唖然としました。

孫にあたる妹の長男は昨年9月に結婚したばかりで、ここにも「血縁」であることだけを根拠に、戸籍から住所まで調べて送付してくる大阪市の生保行政の進め方に「怒り」を感じたのです。

独立して別世帯を持った新婚の孫の住所まで調べて扶養を求めてきた役所の通知に、妹は「怖い」と言っています。

これまで家族の中でも話題にしてこなかった思い出したくもない過去を突きつけられ、夫や子どもたちに、そのことを伝えなければならない理不尽さ、行政として責任を持つべきセーフティーネットを放棄するような大阪市の生保行政の進め方のずさんさ、無神経さに、怒りと共に恐ろしさを感じます。

今回、調査団の行動に参加し、住之江区や大阪市との交渉で当事者として発言の機会をいただきました。

序章　今なぜ扶養義務と生活保護の関係を議論するのか

　返答した担当課長によると、「本人に扶養照会の同意を得て送っている」ということでしたが、孫の存在を知っているはずのない父親が、同意できるはずがないのです。
　また、戸籍を確認すれば、離婚が35年以上前であることは明らかであり、その間、普通の家族関係が持てておれば、保護を受ける事態になる前に援助し合えているはず、という想像力も持ち合わせていないのかと腹立たしく思いました。
　交渉の場ではっきりと感じたのは、保護を申請した人への生活背景や家族歴の聞き取りを曖昧にしているということ、大阪市が作成したガイドラインだけに従い、保護申請者の血縁者には一律に、実務的にこのような通知を送りつけている実態でした。
　また、現場で働くケースワーカーへの教育が十分行われておらず、指導する立場の上司でさえ、法律を知らない、実態を調査することもしていないという問題点が明らかになったと思います。

第1章 バッシング報道から「改正」生活保護法まで

I 近年の生活保護「改正」への動き

1 社会保障・税一体改革成案まで

2000年(平成12年)以降、各種社会保障構造改革が行われたが、少子化対策の遅れ、高齢化社会の加速、非正規雇用の労働者増加といった問題が顕在化し、従前の社会保障制度が維持できないとの危機感から、2008年(平成20年)の社会保障国民会議(注1)、2009年(平成21年)の安心社会実現会議において、新しい社会保障が議論され始めた。

2010年(平成22年)10月の社会保障改革に関する有識者検討会設置を経て、2011年(平成23年)7月1日、「社会保障・税一体改革成案」(注2)が閣議報告された。

2 社会保障・税一体改革大綱

2012年(平成24年)2月17日、「社会保障・税一体改革大綱」が閣議決定された。

生活保護に関しては、同大綱第1部第3章6(3)「重層的セーフティネットの構築・生活保護制度の見直し」において、「国民の最低生活を保障しつつ、

(注1) 社会保障のあるべき姿について「国民に分かりやすく議論を行う」ことを目的に、2008年(平成20年)1月に設置。最終報告で、低所得者対策について、ハローワークや自治体の取組強化、訓練の機会提供、最低賃金の引き上げ、制度横断的視点が必要、との指摘がされている。
(注2) 生活保護について、「生活保護の見直し(就労・自立支援の充実、医療扶助等の適正化、不正受給防止対策の徹底、関係機関の連携強化など)」を重点化・効率化する必要があるとの指摘がされている。

第1章　バッシング報道から「改正」生活保護法まで

自立の助長をより一層図る観点から、生活保護法の改正も含め、生活保護制度の見直しについて、地方自治体とともに具体的に検討し、取り組む」とされ、国民の信頼を損なうような不正・悪質な事例に厳正に対処し、不正受給対策を徹底することが、平成24年度における主な関連施策としてあげられた。

II 「不正受給」バッシング報道

　2012年（平成24年）春、女性週刊誌が、人気タレントの母親が生活保護を利用していることを報じ、人気タレントが扶養義務を怠っていると指摘した。
　記事を問題視した自民党議員は、同年5月2日、厚生労働省に調査を依頼した。テレビや週刊誌、新聞で生活保護関連の話題が毎日のように報道され、扶養義務を怠っていると指摘されたタレントの所属事務所が経緯等を説明したものの事態は収まらなかった。
　同月25日、タレント本人が会見を開き、生活保護利用に関する経緯について説明した。そもそも親族の扶養は生活保護利用の要件ではないところ、タレントの説明によれば、高収入を得るようになってから福祉事務所と協議のうえ仕送りをし、適宜増額もしてきたとのことであり、タレントの母親の生活保護利用が「不正受給」に当たらないことは明らかであった**(注3)**。
　しかし、これ以降もバッシング報道は続き、ついに厚生労働大臣が、親族側に扶養できないことの証明義務を課す法改正をすると言及するまでに至った。

III 社会保障制度改革推進法

　2012年（平成24年）6月、社会保障制度改革推進法案が3党合意によって国会へ提出され、8月22日に同法が成立した。
　同法附則2条には、「不正な手段により保護を受けた者等への厳格な対処、生活扶助、医療扶助等の給付水準の適正化、保護を受けている世帯に属する者の就労の促進その他の必要な見直しを早急に行うこと」「就労が困難でな

い者に関し、就労が困難な者とは別途の支援策の構築、正当な理由なく就労しない場合に厳格に対処する措置等を検討すること」が規定された。

Ⅳ 大阪市の「仕送り額のめやす」

　大阪市が、市内の生活保護利用者11万8000世帯を対象に親族の勤務先を調査したところ、156人の市職員が含まれ、うち利用者に仕送りをしているのが13人であることが判明した。

　この調査結果を受け、2013年（平成25年）12月12日、大阪市は、扶養義務者の年収に応じた仕送り額の「めやす」を一覧表にして示した「生活保護受

（注3）　この点に関しては、保守系といわれる仏フィガロ紙の記者レジス・アルノー（Regis Arnaud）がニューズウィークに書いたコラムが興味深いので以下に紹介する。なお、原文では「人気お笑い芸人」の本名が記載されている。
　「人気お笑い芸人のKは生まれる国を間違えたのだろうか。Kは5月、自分は高い収入がありながら母親が生活保護を受給していたことを日本中の人々の前で謝罪した。
　フランスならKは模範市民とみなされたはずだ。勲章の1つももらえたかもしれない。フランスの基準からすれば、K親子は当然のことをした。母親は失業して国に助けを求めた。息子は一生懸命働いて高い所得税を払っているのだから、政府の歳入の足しにさえなっている。息子がいくら成功していても、母親はできる限り政府の寛大さに甘えるべきだ——フランス人ならそう考える。
　フランス人は困ったときに国からお金をもらうことを恥と思わない。日本人より高い税金を払っているから、経済的に困っている人間の面倒を見てもらうだけの金は政府に『支払い済み』だと考える。生活に困っている親を子どもが経済的に援助する法的義務はあるが、親は子どもの経済状態に関係なく生活保護を申請する。
　実は親が生活保護を申請するのは、決して子どもに頼らず、自分の好きなように生活するためだ。フランス人にとっては、国から金をもらうより子どもから金をもらうほうが恥ずかしい。一方で子どもは、親のすねをかじらない自立した人間に育てる。もちろん親子の絆はとても強いが、国の責任はきちんと果たしてもらう。
　もらえるものはもらわなきゃ、というのがフランス流。フランスなら、Kの母親は息子が成功していても堂々と生活保護をもらえるだろう。生活保護を受ける人の割合はフランスでは総人口の5.7%と日本（1.6%）の3倍以上だ。
　多くのフランス人は政府に助けてもらって当然と考えていて、そのためなら詐欺まがいの手も使う。しかもフランスの公務員は民間より労働時間が少なく失業の不安もない。生活保護を申請する側にしてみれば、あの恵まれすぎた連中から金を取り返してやれ、ということになる」（2012年7月18日号掲載）。

第1章　バッシング報道から「改正」生活保護法まで

給者に対する仕送り額の『めやす』」を作成したことを記者発表した。あわせて、生活保護利用者の親族に市職員がいる場合、利用者の了解を得たうえで、利用者を扶養する能力と意思がある職員に対し、利用者への仕送りを求め、「改正」生活保護法の施行後、市職員以外についても本格的に導入する予定であることもあわせて発表した。

> 〈仕送り額のめやすの一例〉
> ①　職員の親が生活保護利用者の場合
> 　　最高で月6万1000円
> ②　職員と離婚した元妻（母子家庭）が生活保護利用者の場合
> 　　年収630万円の職員⇒月6万～10万円
> 　　年収1000万円の職員⇒月10万～14万円

Ⅴ　生活保護法の一部を改正する法律

　大阪市が「仕送り額のめやす」を発表した翌日（12月13日）、「生活保護法の一部を改正する法律」が成立した（平成26年7月1日施行）。同法ではさまざまな規定が新設・改正されたが、特に扶養義務との関係では、扶養義務者への事前通知と扶養義務者に対する調査権限が新たに規定され（24条8項・28条2項）、扶養義務者に対する扶養圧力が強化された（詳しくは第2章Ⅳ3参照）。
　このような規定の新設により、親族に対する遠慮から生活保護申請をためらう人が増え、生活保護が十分に行き届かなくなるのではないかということが懸念される。

第2章　日本における扶養制度

I　沿革

1　明治前期

　明治初年における扶養法は主として慣習法であり、親族扶養に関する一般成文法規は存在しておらず、民法典編纂過程で徐々に扶養実定法が生成された。

　民法草案人事編では、直系血族間、兄弟姉妹間（帰責事由のない場合）、伯叔父母甥姪間（帰責事由のない場合）、直系姻族間の扶養義務が定められた。また、扶養の順位は、①卑属親（本人からみて卑属の関係にある親族。子、孫など）、②尊属親（本人からみて尊属の関係にある親族。父母、祖父母など）、③兄弟姉妹、④伯叔父母甥姪、⑤卑属の姻族（配偶者の血族および血族の配偶者）、⑥尊属の姻族の順とされた。

2　旧民法（1890年（明治23年）制定）

　旧民法（**注1**）において、戸主（旧民法等の規定で、家の統率者としての身分を持つとされた者）は家族に対して養育および普通教育の費用を負担する義務を負うとされた。また、親族扶養義務者の順位は、①直系親族間、②嫡母（民法旧規定で、認知を受けて父の家に入った庶子からみた父の正妻）、③継父母とその配偶者の子との間、④婦と夫家の尊属親、⑤無責の兄弟姉妹とされた。夫婦間扶養の規定は置かれなかったが、「婚姻の効力」に当然含まれると解

（注1）　フランスの学者ボアソナードが主となって草案を作成し、明治23年に公布された民法。明治26年1月1日施行の予定であったが、国情にそぐわないなどの理由で結局施行されなかった。

されていた。

これに対しては、西欧の近代的法典を範とした個人主義的な近代扶養制度のありようは民法の中核とすべき「家」制度と矛盾する、扶養は法的権利義務ではなく道徳的義務である、との批判がなされた。

3　明治民法（1896年（明治29年）制定）

明治民法（**注2**）では、戸主は家産を承継する（家督相続）する代わりに、家族に対する扶養義務を負うとされ、旧民法にはなかった夫婦間扶養規定も置かれた。また、扶養義務者は、①配偶者、②直系卑属、③直系尊属、④戸主、⑤配偶者の直系尊属で同家の者、⑥兄弟姉妹（無過失の場合）の順とされた。他方、扶養権利者は、扶養義務者とは逆に、①直系尊属、②直系卑属、③配偶者の順とされた。この順位については、従来の慣習と自然の情とに従ったものであり、西洋諸国の慣習に従い卑属を1位とするのはわが国の習慣からいって許されないと説明されていた。

Ⅱ　現行民法における扶養義務の構造

1　扶養義務者の範囲（絶対的扶養義務者と相対的扶養義務者）

扶養義務者の範囲について、民法877条1項は、「直系血族及び兄弟姉妹は、互いに扶養をする義務がある」と定めている。この規定により直系血族と兄弟姉妹は、法律上当然に扶養義務を負うべき地位に立つことになる。

また、同条2項は、「家庭裁判所は、特別の事情があるときは、前項に規定する場合のほか、3親等内の親族間においても扶養の義務を負わせることができる」と定めている。したがって、直系血族および兄弟姉妹以外の3親

（注2）　穂積陳重、富井政章、梅謙次郎の三氏が起草委員となって起草し、総則・物権・債権の三編は明治29年に、親族・相続の二編は明治31年にそれぞれ公布され、ともに明治31年7月16日から施行された。

等内の親族も、特別の事情がある場合には家庭裁判所の審判により扶養義務を課されることがある。

直系血族および兄弟姉妹は、そのような血縁関係の存在のみで自動的に扶養義務者としての地位に立つことから「絶対的扶養義務者」と呼ばれることがある。また、それ以外の3親等内の親族は家庭裁判所の審判によってはじめて扶養義務者としての地位に立つことになることから、「相対的扶養義務者」と呼ばれることがある。

なお、夫婦間においても相互に絶対的扶養義務を負うが、これは、民法877条の扶養義務としてではなく、同法752条（夫婦間の協力扶助義務）および760条（婚姻費用分担義務）として規定されている。

2 扶養の順位・程度・方法

現行民法においては、明治民法までとは異なり、扶養の順位、程度または方法については法定されておらず、まずは当事者の協議で決めることとされ、協議で決められない場合には家庭裁判所の審判で定めるとされている（民法878条・879条）。

〈参考：扶養義務に関する民法の規定〉
（同居、協力及び扶助の義務）
第752条　夫婦は同居し、互いに協力し扶助しなければならない。
（婚姻費用の分担）
第760条　夫婦は、その資産、収入その他一切の事情を考慮して、婚姻から生ずる費用を分担する。
（離婚後の子の監護に関する事項の定め等）
第766条　父母が協議上の離婚をするときは、子の監護をすべき者、父又は母と子との面会及びその他の交流、子の監護に要する費用の分担その他の子の監護について必要な事項は、その協議で定める。この場合においては、子の利益を最も優先して考慮しなければならない。
2〜4　（略）
（扶養義務者）

> 第877条　直系血族及び兄弟姉妹は、互いに扶養をする義務がある。
> 2　家庭裁判所は、特別の事情があるときは、前項に規定する場合のほか、3親等内の親族間においても扶養の義務を負わせることができる。
> 3　前項の規定による審判があった後事情に変更を生じたときは、家庭裁判所は、その審判を取り消すことができる。
> （扶養の順位）
> 第878条　扶養をする義務のある者が数人ある場合において、扶養をすべき者の順序について、当事者間に協議が調わないとき、又は協議をすることができないときは、家庭裁判所が、これを定める。扶養を受ける権利のある者が数人ある場合において、扶養義務者の資力がその全員を扶養するのに足りないときの扶養を受けるべき者の順序についても、同様とする。
> （扶養の程度又は方法）
> 第879条　扶養の程度又は方法について、当事者間に協議が調わないとき、又は協議をすることができないときは、扶養権利者の需要、扶養義務者の資力その他一切の事情を考慮して、家庭裁判所が、これを定める。

III　扶養義務者の範囲および扶養義務の内容に関する議論

1　資本主義社会における親族扶養の位置づけ

　資本主義社会においては、私有財産制度と労働契約の自由とを基礎として生活自己責任（自助）の原則が確立している。他方、資本主義の発達による富の偏在化（資本制的蓄積と労働者の貧困化）は、労働力の質の低下や購買力を弱め、資本主義社会の存続自体を脅かすことになった。そこで、近代資本主義国家がその社会体制を維持するために貧困者救済のための法制度として採用したのが、親族扶養法と公的扶助制度である。

　このうち、親族扶養は、自助の原則の延長線上に位置づけられ、それゆえ、一般に親族扶養は公的扶助に優先するものとされる。

　しかし、親族間扶養のすべてを自助の原則によって根拠づけることはでき

ない。この点について、深谷松男教授は「自助の原則は、観念的には独立個人を単位として考えられている原則ではあるが、実際には家族共同生活を基本とし単位として展開している」「このことの結果、日常的消費共同関係の枠内にあると見られる夫婦家族内部では、自助の原則にもかかわらず、いやむしろ自助の枠内のこととして当然に、扶養しあうべきものと認められることになるのであり、それに反して、一般に日常生活共同関係がないと見られる親族相互間では、自助の原則の故に、相互扶養義務は必ずしも妥当なものとは見られないということになる」と説明している（深谷松男「私的扶養と公的扶助」『現代家族法大系3　親子・親権・後見・扶養』（有斐閣、1977年）385頁）。

このように、自助の原則により根拠づけることができるのは夫婦家族（夫婦とその未成熟子）間における扶養義務に限られ、それ以外の親族相互間の扶養義務は、自助の原則とはむしろ理論的に矛盾するものである。

2　扶養義務者の範囲

(1)　学説の状況

そもそも、民法が親族扶養を定めていること自体、その根拠は明確でないとされている。深谷教授は、親族扶養の法的義務付けの問題性として、次の3点を指摘する。すなわち、まず、親族扶養義務の道徳的基礎について、「親族は相互に扶けあうべきであるという道徳価値は、観念的一般論としては今日も認められようが、現実には、特に夫婦・親子の関係以外においては、その重みを失っており、それに基づいて扶養を法的に強制することを可能にするほど強力なものではない。しかも、親族扶養の道義が強ければ強いほど扶養関係破綻の亀裂は大きく、それに司法的訴求と執行という外的強制を加えることは、親族間の人格関係を一層破壊する結果をもたらすだけであろう」とする。第2に、自助の原則によって公的扶助を最低限に抑制し私的扶養を前面に出すという考え方について、「資本主義社会における自助の原則

第 2 章　日本における扶養制度

の基礎である所有権の自由と労働契約の自由が現実性を取得しうるのは、生産手段の所有者においてのみであって、労働力以外に生活の手段のない者にとっては、所有権の自由と同様、自助の原則も大体において虚構に過ぎないのである」とする。そして第 3 に、「『貧民の親族は概ね貧民なり』という古くより指摘されている現実があり、扶養義務の履行の強制は、相互の困窮を増し、自立を阻害し、低所得層を増加される悪循環を招くことにしかならないであろう」とする。そのうえで、「親族扶養と公的扶助の関係について、立法論的に今後の展望をいうならば、親族間扶養を公的扶助法中に組み入れて位置づけ、そこにおける扶養義務者の範囲も、例えばイギリス国家扶助法のように、夫婦相互間と未成熟子に対する親というように縮減するということである」と述べている（深谷松男「私的扶養と公的扶助」『現代家族法大系 3　親子・親権・後見・扶養』（有斐閣、1977年）391頁）。

　また、鈴木経夫判事は、現行法の規定について、「扶養義務者の範囲を拡張しすぎているとの批判は、立法当初から絶えなかった」と指摘したうえで、「筆者のこれまでの経験からも、審判例の少なさからも、現在では、兄弟姉妹間の扶養義務が法的義務として規定されなくとも、特に支障はなさそうである」と述べる（鈴木経夫「扶養義務者の範囲及び程度」川井健ほか編『講座現代家族法第 4 巻　親権・後見・扶養』（日本評論社、1992年）212頁〜214頁）。

　沼正也教授は、「第一に、定型的な近代家族法の理想からするときは、私的扶養は近代的に必然的生活共同を伴うべき夫婦とその未成熟の子に対するものとしてのみ許容されるべきこと。第二に、いわゆる親族的扶養は、近代的に必然的生活共同を欠くがゆえに国家へ移されねばならないこと」として、扶養義務者の範囲を夫婦間と親の未成熟子に対するものに限定すべきとの見解を示されている（沼正也「公的扶助と私的扶養の限界」『家族法大系Ⅴ　親権・後見・扶養』（有斐閣、1960年）150頁）。

　床谷文雄教授も、「現実の親族関係において各自が生活の本拠を異にし、相互の交流が疎になるとともに連帯意識が薄れ、親族扶養の現実は縮小の方

向を辿らざるを得ない。親子間及び直系血族間はともかくとして、傍系血族間の扶養は、基本的には国家扶養によって行うべきである」とされる（於保不二雄＝中川淳編『新版注釈民法(25)　親族(5)〔改訂版〕』（有斐閣、2004年）730頁〔床谷〕）。

裁判所職員総合研究所監修のテキストにおいても、「民法の認める親族的扶養の範囲は、近代法に類例をみないほど広範であり、特に現実的共同生活をしない親族にまで扶養義務を課していることを考えると、私的扶養優先の原則の適用に際しては、特に慎重な考慮を払うとともに公的扶助を整備強化することによってその補充性を緩和し、できるだけ私的扶養の機会を少なくすることが望ましい」とされている（『親族法相続法講義案〔6訂版〕』（司法協会、2000年）194頁）。

このように、学説は一致して、現行法の扶養義務者の範囲は広すぎると考えている。そして立法論としては多少の温度差はあるものの、少なくとも兄弟姉妹については絶対的扶養義務者から外すべきであると考えている。

(2) 家庭裁判所における扶養関係事件の状況および諸外国との比較

詳細は第4章において後述するが、家庭裁判所における扶養関係事件の推移と内訳をみると、兄弟姉妹を要扶養者とする扶養事件は、ほとんど利用されておらず、国民意識として、兄弟姉妹に扶養を求める意識はもともと希薄であり、民法の同規定は形骸化しているといえる。老親扶養についても、日本社会が高齢化しているにもかかわらず、1975年（昭和50年）頃のピーク時と比べて、扶養事件数は、ほぼ半減し、減少したままである。核家族化が進む中で、国民意識として、親族扶養だけでなく、老親扶養の意識も薄れてきており、扶養の規定そのものが形骸化しつつあるといえる。

先進諸外国の例をみると、スウェーデンでは夫婦相互間と独立前の子に対する親の扶養義務に限定されており、イギリスも夫婦相互間と未成熟子に対する親の扶養義務のみとされている。アメリカは州によって異なるものの、おおむねイギリスと同様である。フランスおよびドイツにおいては、夫婦相

第 2 章　日本における扶養制度

互間と親の未成熟子に対する扶養義務に加えて直系の親族間における扶養義務の定めはあるが、兄弟姉妹間における扶養義務の定めはない（第 5 章参照）。

(3)　あるべき扶養義務者の範囲

このように、直系血族および兄弟姉妹に対して法的扶養義務を課すことについては、理論的根拠に欠け、国民の意識とも乖離しているうえ、上記諸外国においても兄弟姉妹に法的扶養義務を課していないことに鑑みれば、今日において、少なくとも兄弟姉妹については、法的扶養義務を課すべき合理性がないことは明らかである。したがって、わが国の学説も支持するとおり、立法論として、兄弟姉妹を法的扶養義務者から外す必要があるものと考える。また、特別の事情があるときは、3 親等内の親族間に扶養義務を負わせることを可能とする現行法（民法877条 2 項）の規定は、国民の意識とはかけ離れており、必要性もないことから、削除されるべきである。

3　扶養義務の内容

(1)　生活保持義務と生活扶助義務（扶養義務二分説）

扶養義務二分説とは、親族扶養について、生活保持義務と生活扶助義務という質の異なる二つの類型に分類する考え方であり、1907年のスイス民法の親族扶養の考え方をもとに、中川善之助教授が提唱した理論である（中川善之助「親族的扶養義務の本質」法学新報38巻 6 号（1928年） 1 頁・7 号（1928年）48頁）。生活保持義務と生活扶助義務の内容について、中川教授は「生活扶助の義務は、最後の自己の地位と生活とを犠牲にすることなき程度に他を扶くるものであり、これに反し、生活保持の義務は、最後の一片の肉、一粒の米までも分け食らふべき義務であり、他者の生活を扶け助くるに非ずして、これを自らの生活として保持するものである」と説明している（中川・前掲論文38巻 6 号15頁）。

また、これらの二つの扶養義務の法的根拠について、中川教授は親子（未成熟子）や夫婦は、「扶養をなすことがその身分関係の本質的・不可欠的要

素をなし、相手方の生活を扶養することが直ちに自己の生活を保持するゆえんでもある如き場合である」。「この意味において扶養するが故に親子であり、夫婦でありうる」。「養わない親、養わない夫婦というものは、……観念的矛盾である」。「これに反し、兄弟姉妹などの場合は、扶養するのは、偶発的・例外的現象である。養わない兄弟といっても、少しも不思議ではなく、むしろその方が好ましい常態であるといってよい」。「ただ、その一方が何らかの事情のために、生計不能となった場合に、他の一方がその生計を支援する義務を負わされるのである」。「これが、生活保持義務と対立する意味においての生活扶助義務である」と説明している（中川善之助『親族法 下巻』（青林書院、1958年））。

(2) 二分説に対する批判と修正——生存権保障・公的扶助との関係の視点から

　中川善之助教授の提唱した二分説は、「家」制度が家族法の根本的柱であった昭和初期の旧民法時代に提唱されたという点で学説から高く評価され、新民法下において通説化する一方、昭和30年代の終わり頃から、いくつかの観点から批判が展開されるようになった。

　このうち、生存権保障の観点からは「生活保持の義務は、生活の全面的保持であるから自己の生活を（健康で文化的な最低生活から）引き下げても平等に生活をなしうる程度の義務であると解される」が「憲法の保障する健康で文化的な最低限度の生活を下回る結果を来たすことを法は強制すべきではない」、「扶養は法律的には扶養義務者に健康で文化的な最低生活をなす余裕があることを前提とすべきであり、しかもこの前提条件はいわゆる生活保持の義務にもあてはまると解すべきである」との批判がなされた（青山道夫『家族法論Ⅰ〔改訂〕』（法律文化社、1971年）237頁・238頁）。また、公的扶助との関係の観点からは、生活保護行政では、一片のパンを分かち合うという「生活保持義務」の概念が最大限に拡大運用され、保護の回避や私的扶養の強化に利用されているとの批判がなされた（松嶋道夫「私的扶養と公的扶助」有地

享編『現代家族法の諸問題』（弘文堂、1990年）341頁）。

　これらの批判はその後学説で受け入れられ、二分説（古典的二分説）を修正する説が提唱されるようになった。それらの学説の共通項は「生活扶助義務は私的扶養義務の原型であって、扶養権利者の生活が文化的最低限度の生活水準以下におちいった場合（扶養必要状態）に、扶養義務者の生活が、文化的最低限度の水準を超えて、しかもその社会的地位相応の生活を維持してなお経済的余力があるときに、その余力の限度内で、扶養権利者の生活を文化的最低限度の生活水準に達するまで、経済的に援助する義務である。これに対し、生活保持の義務は、私的扶養義務の一種ではあるが、夫婦であり、未成熟子に対する親であることに基づいて変容を生じたもので、義務者が文化的最低限度の生活水準を維持できて、かつ経済的に余力のある限りで、権利者に義務者の生活同程度に近い相当の扶養を得させる義務である」とされる（深谷松男「生活保持義務と生活扶助義務」川井健ほか編『講座現代家族法第4巻　親権・後見・扶養』（日本評論社、1992年）195頁・196頁）。

　また、保護行政においても、生活保持義務関係においては「扶養義務者の最低生活費を超過する部分」、世帯分離された者に対する生活保持義務関係および生活扶助義務関係においては「社会通念上それらの者にふさわしいと認められる程度の生活を損なわない限度」を標準とすることとされている（『生活保護手帳2014』234頁）。

(3)　生活保持義務の内容についての最近の学説状況

　生活保持義務の内容について、近時の学説状況を概観する。

　深谷松男教授は、「義務者自身が文化的な最低限度の生活水準を維持した上で、未成熟子又は配偶者の生活を自己の生活の一部として、両者の生活程度が同等水準になるまで扶養する義務とされる」として二分説を修正する立場に立っている（深谷松男『現代家族法〔第3版〕』（青林書院、1997年）163頁）。

　二宮周平教授は、扶養義務者の扶養能力について「私人に過酷な義務を強制することはできないから、生活保持義務関係にある場合には、標準家計費

を超える資力があること」を目安にすべきであるとして、やはり二分説を修正する立場に立っている（なお、標準家計費を目安にする理由として、二宮教授は、「生活保護基準が必ずしも現実の生活にふさわしいだけの水準にない現状では、義務者の生活水準を確保する意味で、本文のように解するべきだと思う」としている）（二宮周平『家族法〔第4版〕』（新生社、2013年）249頁）。

　また、橋本昇二教授、三谷忠之教授は、生活保持義務につき「自己の最低限度の生活費を削ってでも扶養せよというのは確かに問題であるが、生活保持義務説もそこまで主張しているわけではなく、実務においても最低生活費に足りないときは扶養義務を否定している」として、修正説が現在の定説であるとの理解に立っている（橋本昇二＝三谷忠之『実務家族法講義〔第2版〕』（民事法研究会、2012年）242頁）。

　さらに、本澤巳代子教授も、「生活保持義務関係にある者の場合には、その扶養の程度は、義務者が健康で文化的な最低限度の生活を維持できる範囲内において、権利者が義務者の生活水準と同程度の生活をすることができる程度であることを基本とすべきである」と述べて、修正説を支持している（本澤巳代子「扶養義務（877条以下）との関係——民法の視点から②」法律時報1075号（2014年）57頁）。

　このように、生活保持義務の内容については、近時においても、二分説を修正する考え方が学説上の趨勢であるといえる。なお、後述のとおり、2003年（平成15年）4月、東京・大阪養育費等研究会により発表された、「養育費・婚姻費用の算定方式と算定表」は、扶養義務者の基礎収入が最低生活費を下回る場合に義務者を免責することは生活保持義務の考え方と矛盾するという誤った理解のもとに作成されている点で、重大な問題がある。

Ⅳ 生活保護と扶養義務の関係

1 扶養は保護の要件ではない

(1) 「保護に優先」するという意味

　生活保護法4条は、いわゆる「保護の補足性」原理を定めたものとされている。同条1項は、「生活に困窮する者が、その利用し得る資産、能力その他あらゆるものを、その最低限度の生活の維持のために活用することを要件として行われる」と規定している。これに対し、2項は、「民法に定める扶養義務者の扶養及び他の法律に定める扶助は、すべてこの法律による保護に優先して行われるものとする」と規定し、あえて「要件として」という文言を使っていない。

　言い換えると、「扶養義務者による扶養」は、「保護に優先して行われる」ものと定められており、1項の「保護の要件」とは異なる位置づけがされている（『別冊問答集2014』141頁）。

　その趣旨について、現行法制定時の立法担当者（厚生省保護課長）であった小山進次郎氏は、「公的扶助に優先して私法的扶養が事実上行われることを期待しつつも、これを成法上の問題とすることなく、単に事実上扶養が行われたときにこれを被扶助者の収入として取り扱うもの」であると説明している（小山進次郎『生活保護法の解釈と運用〔改訂増補〕』（中央社会福祉協議会、1951年）120頁）。つまり、保護利用者に対して実際に仕送り等がなされた場合は、仕送り額を収入認定して、その金額の分だけ保護費を減額するということである。

　この点、厚生労働省も、扶養は保護の要件でないことを当然の前提として、2008年（平成20年）に、「扶養が保護の要件であるかのごとく説明を行い、その結果、保護の申請を諦めさせるようなことがあれば、これも申請権の侵害にあたるおそれがあるので留意されたい」との通知を発出している（昭和

38年4月1日社保第34号厚生省社会局保護課長通知第9の2。『生活保護手帳2014』361頁)。

(2) 扶養請求権の行使が保護の要件となり得る場合

ところで、生活保護法4条1項にいう「その他あらゆるもの」とは、たとえば年金受給権のように「現実には資産となっていないが、要保護者本人が努力(手続き等)することによって容易に資産となり得るもの」を指しているとされている(『別冊問答集2014』141頁)。小山氏は、「現実には資産になっていないが一挙手一投足の労で資産となし得るもの」と表現している(小山・前掲書121頁)。

これを扶養に当てはめて考えてみると、「扶養義務者による扶養」が資産(金銭)となり得るためには、扶養義務者が「扶養の能力」と「扶養の意思」を有していることが必要となる。すなわち、要保護者本人の努力のみで資産となり得るものではなく、それが単なる期待可能性にすぎない状態においては、1項の「その他あらゆるもの」に含むことはできない。一方で、たとえば、扶養義務者が月々の金銭援助を申し出ている場合など、扶養義務者に扶養能力があり、かつ扶養する意思があることが明らかである場合においては、要保護者本人の扶養請求権の行使(努力)によって資産(金銭)となり得ることになる。このような場合には、扶養請求権の行使は保護の要件と位置づけられることになると、厚生労働省は考えている(『別冊問答集2014』141頁)。扶養請求権の行使が保護の要件と位置づけられるということは、要保護者が助言に応じず扶養請求権を行使しない場合には保護申請を却下し、被保護者が指導指示に反して扶養請求権を行使しない場合には保護を廃止し得るということを意味する。

しかし、本人に帰属している「能力」や「資産」とは異なり、親族扶養は、本人以外の人の能力や意思にかかるものであることからすれば、その判断は慎重の上にも慎重を期さなければならない。親族関係はさまざまであり、虐待や関係のもつれなど、外部からはうかがい知れない葛藤や桎梏があること

も少なくない。仮に親族が「仕送りをする」と述べたとしても、世間体を気にするがゆえのポーズにすぎないかもしれない。また、そのことによって要保護者との関係がかえって悪化し、仕送りが長続きしないだけでなく、虐待や関係の悪化につながるということも十分に考えられる。安易に扶養請求権の行使が保護の要件に位置づけられることとなれば、現行法が、親族扶養は保護の要件ではないとした趣旨を没却し、全近代的な旧法時代に逆戻りすることとなってしまう。

したがって、扶養請求権が保護の要件に位置づけられ得るのは、扶養義務者が現実に「扶養の能力」と「扶養の意思」を有していること、それも単なる可能性や蓋然性ではなく、要保護者の一挙手一投足で金銭となり得る具体的な現実性があり、かつ世帯の自立を阻害する懸念がない場合に限られることに留意しなければならない。

(3) 次官通知第5は是正されるべきである

ところで、次官通知第5（『生活保護手帳2014』229頁）は、「要保護者に扶養義務者がある場合には、扶養義務者に扶養及びその他の支援を求めるよう、要保護者を指導すること」と規定しているが、この規定には大いに問題がある。

なぜなら、生活保護法27条が規定する「指導指示」は、すでに生活保護を利用している被保護者に対して行うものであって、保護適用前の要保護者に対しては、27条の2に基づく「助言」しか行うことができないからである。また、扶養義務者に扶養の期待可能性がない場合には、扶養を求めるよう要保護者に助言すること自体が、本来的に不適切である。

次官通知第5は続けて、「民法上の扶養義務の履行を期待できる扶養義務者のあるときは、その扶養を保護に優先させること」と規定している。しかし、扶養義務の履行を期待できる扶養義務者があるとしても、まずは保護を適用したうえで、その期待可能性の程度を調査確認し、要保護者の一挙手一投足で金銭が得られる現実的可能性が確認できてはじめて扶養請求が保護の

要件となるのである。

次官通知第５の上記の規定ぶりは、扶養義務者に扶養を求めるよう要保護者を「指導」することが許され、扶養が保護の要件であるかの誤解を招く点において著しく不当であるから、速やかに是正されるべきである。

2 生活保護実務上の扶養義務の取扱い──違法な水際作戦の常套手段

上記のとおり、本来、扶養は保護の要件ではない。ところが実務の現場においては、扶養を保護の要件であるかのように説明して申請を断念させる「水際作戦」の常套手段として利用されるケースが後を絶たない。

日本弁護士連合会が2006年（平成18年）に実施した「全国一斉生活保護110番」の結果では、違法な水際作戦の可能性が高いと判断された118件のうち、「扶養義務者に扶養してもらいなさい」と対応されたケースが49件と最も多かった。

さらに、扶養義務を利用した窓口からの追い返しにより、少なくない餓死事件も引き起こしている。一例をあげると、古くは、1987年（昭和62年）１月、札幌市白石区の３人の子どもを持つ母親が、再三福祉事務所に保護を申請したにもかかわらず、福祉事務所が、「働けば何とか自活できるはず」「離婚した前夫（子の父）の扶養の意思の有無を書面にしてもらえ」などと主張して、保護申請として処理せず、放置した結果、「餓死」したという、あまりにも有名な事件がある。また、「保護行政の優等生」「厚生労働省の直轄地」といわれた北九州市において、2005年（平成17年）から３年連続で生活保護をめぐる餓死事件が発生したが、2007年（平成19年）の餓死事件は、生活保護の辞退を強要された52歳の男性が「おにぎり食べたい」という日記を残して死亡したためマスコミでも大きく報道された。このうち、2005年（平成17年）に北九州市八幡東区で起きた孤独死事件は、生前、生活保護の申請に何度も福祉事務所を訪れた被害者に、福祉事務所の担当者が、兄弟姉妹に

第2章　日本における扶養制度

よる扶養の可能性がないかを確認してからくるようにと違法に追い返したことが原因であった。また、2006年（平成18年）の北九州市門司区での餓死事件も、福祉事務所の担当者が、子どもに養ってもらうようにとして違法に申請を拒絶したことが原因で引き起こされたものである。

3　扶養義務者に対する扶養圧力強化の動き

(1)　生活保護法の改正
(A)　改正法の内容

　2013年（平成25年）12月6日、「生活保護法の一部を改正する法律」が成立したが（その大部分は2014年（平成26年）7月から施行された）、扶養義務関係でも以下のとおり大きな改正がなされた（以下、改正後の生活保護法を「改正法」という）。

(a)　扶養義務者に対する通知義務規定の新設（改正法24条8項）

　「保護の実施機関は、知れたる扶養義務者が民法の規定による扶養義務を履行していないと認められる場合において、保護の開始の決定をしようとするときは、厚生労働省令で定めるところにより、あらかじめ、当該扶養義務者に対して書面をもつて厚生労働省令で定める事項を通知しなければならない。ただし、あらかじめ通知することが適当でない場合として厚生労働省令で定める場合はこの限りでない」として、保護開始決定前の扶養義務者に対する通知義務が新設された。

(b)　扶養義務者に対する報告の請求規定の新設（改正法28条2項）

　「保護の実施機関は、保護の決定若しくは実施又は第77条若しくは第78条の規定の施行のため必要があると認めるときは、保護の開始又は変更の申請書及びその添付書類の内容を調査するために、厚生労働省令で定めるところにより、要保護者の扶養義務者若しくはその他の同居の親族……に対して、報告を求めることができる」として、実施機関が要保護者の扶養義務者に対して報告を請求し得るという規定が新設された。

Ⅳ　生活保護と扶養義務の関係

(c)　扶養義務者に対する調査権限規定の強化（改正法29条1項・2項）

　改正法29条1項は、「保護の実施機関及び福祉事務所長は、保護の決定若しくは実施又は第77条若しくは第78条の規定の施行のために必要があると認めるときは、次の各号に掲げる者の当該各号に定める事項（**注1**）につき、官公署、日本年金機構若しくは……共済組合等……に対し、必要な書類の閲覧若しくは資料の提供を求め、又は銀行、信託会社、次の各号に掲げる者の雇主その他の関係人に報告を求めることができる」と定め、同条2項は、「別表第一の上欄に掲げる官公署の長、日本年金機構又は共済組合等は、それぞれ同表の下欄に掲げる情報につき、保護の実施機関又は福祉事務所長から前項の規定による求めがあつたときは、速やかに、当該情報を記載し、若しくは記録した書類を閲覧させ、又は資料の提供を行うものとする」と定めている。

　これは、改正前の生活保護法29条に比べ、①調査のきっかけとして、扶養義務者に対する費用徴収（同法77条）や不正受給の場合の費用徴収（同法78条）の施行のために必要があるときが追加された点、②調査先として、官公署だけでなく、日本年金機構や共済組合等も追加されたうえ、公的な調査先については2項で回答義務が付された点、③調査事項について「資産及び収入の状況」だけでなく、氏名および住所または居所、その他政令で定める事項に拡大された点において、調査権限が大幅に拡大されている。

　改正法においても、扶養は保護の要件ではないとする基本原則は維持されているが、上記のとおり、改正法は扶養義務者に対する扶養圧力の強化につながりかねない内容となっている。そのため、これらの規定に対しては、扶養圧力の強化につながり、事実上扶養を保護の要件化するものであるとして、

（注1）　1号：要保護者又は被保護者であった者　氏名及び住所又は居所、資産及び収入の状況、健康状態、他の保護の実施機関における保護の決定及び実施の状況その他政令で定める事項……。
　　　　2号：前号に掲げる者の扶養義務者　氏名及び住所又は居所、資産及び収入の状況その他政令で定める事項……。

法案段階において、各方面から批判がなされた。

(B) 改正法の運用のあり方

　この点に関し、2013年（平成25年）5月開催の「生活保護関係全国係長会議資料」（平成25年5月20日厚生労働省社会・援護局保護課）には、改正法24条8項の通知について、「この通知の対象となり得るのは、福祉事務所が家庭裁判所を活用した費用徴収を行うこととなる蓋然性が高いと判断するなど、明らかに扶養が可能と思われるにもかかわらず扶養を履行していないと認められる極めて限定的な場合に限ることとし、その旨厚生労働省令で明記する予定である」と記載されている。

　また、国会審議の中で、村木厚子社会・援護局長（当時）は、改正法28条2項の報告請求についても改正法24条8項と同様に「明らかに扶養が可能と思われるにもかかわらず扶養を履行していないと認められる極めて限定的な場合に限ることとして」おり、「扶養は保護の要件とされていていうことも踏まえまして、扶養義務者に対して、回答義務や回答がされない場合の罰則を科すことはいたしておりません」と答弁している。

　これら国会審議の経過を踏まえ、2013年（平成25年）11月23日、参議院厚生労働委員会附帯決議4項において「扶養義務者に対する調査、通知等に当たっては、扶養義務の履行が要保護認定の前提や要件とはならないことを明確にするとともに、事前に要保護者との家族関係、家族の状況等を十分に把握し、要保護者が申請を躊躇したり、その家族関係の悪化を来したりすることのないよう、十分配慮すること」とされた。

　さらに、生活保護法施行規則（2条・3条）において、扶養義務者に対する「通知」および「報告請求」の対象となりうるのは、①保護の実施機関が、当該扶養義務者に対して生活保護法77条1項の規定による費用の徴収を行う蓋然性が高いこと、②申請者が配偶者からの暴力を受けていない場合であること、および、③当該通知を行うことにより申請者の自立に重大な支障を及ぼすおそれがないことのいずれにも該当する場合に限る旨が明記されるに至

っている(**注2**)。

　そこで、これらの説明および経緯を踏まえ、上記国会答弁およびその旨を明記した生活保護法施行規則を遵守し、要件を満たさない違法な「通知」「報告請求」が行われることのないよう徹底される必要がある。

　なお、改正法29条2項については、官公署、日本年金機構または共済組合等に回答義務を課したため、扶養義務者の同意書がないまま安易に報告請求(照会)を行う事態が懸念されたが、①生活保護法において扶養義務者による扶養は保護の要件ではなく、優先するものとされていることや、②要保護者各人により親族との関係の状況は異なり、当該者の扶養義務者に関する情報について本人の同意の有無にかかわらず情報提供を可能とすることは適当でないとの理由により、官公署等への情報提供の求めに対して官公署等に回

(注2)　生活保護法施行規則2条・3条は次のように定める。

> (扶養義務者に対する通知)
> 第2条　法第24条第8項による通知は、次の各号のいずれにも該当する場合に限り、行うものとする。
> 一　保護の実施機関が、当該扶養義務者に対して法第77条第1項の規定による費用の徴収を行う蓋然性が高いと認めた場合
> 二　保護の実施機関が、申請者が配偶者からの暴力の防止及び被害者の保護等に関する法律(平成13年法律第31号)第1条第1項に規定する配偶者からの暴力を受けているものでないと認めた場合
> 三　前各号に掲げる場合のほか、保護の実施機関が、当該通知を行うことにより申請者の自立に重大な支障を及ぼすおそれがないと認めた場合
>
> (報告の求め)
> 第3条　保護の実施機関は、法第28条第2項の規定により要保護者の扶養義務者に報告を求める場合には、当該扶養義務者が民法(明治29年法律第89号)の規定による扶養義務を履行しておらず、かつ、当該求めが次の各号のいずれにも該当する場合に限り、行うものとする。
> 一　保護の実施機関が、当該扶養義務者に対して法第77条第1項の規定による費用の徴収を行う蓋然性が高いと認めた場合
> 二　保護の実施機関が、要保護者が配偶者からの暴力の防止及び被害者の保護等に関する法律第1条第1項に規定する配偶者からの暴力を受けているものでないと認めた場合
> 三　前各号に掲げる場合のほか、保護の実施機関が、当該求めを行うことにより要保護者の自立に重大な支障を及ぼすおそれがないと認めた場合

第2章　日本における扶養制度

答を義務付けた情報の詳細を規定した、生活保護法別表第一に規定する厚生労働省令で定める情報を定める省令（平成26年厚生労働省令第72号）においては、回答義務の対象となる情報は、要保護者または被保護者であった者に関する情報に限られ、扶養義務者に関する情報は除かれている（厚生労働省社会・援護局保護課平成26年8月20日付事務連絡）。

(2) 大阪市による「仕送り額のめやす」

　大阪市は、2013年（平成25年）11月、生活保護利用者の扶養義務者向けに、年収に応じた仕送り額の「めやす」を独自に作成した（「生活保護受給者に対する仕送り額の『めやす』」）。新聞報道によると、まずは対象市職員に対して運用を始め、改正生活保護法が施行される2014年（平成26年）7月からは一般にも運用を開始するということである。

　なお、現在、実際に「めやす」が一般に運用されているか否かは未確認であるが、本年5月に行われた、大阪市生活保護行政問題全国調査団（注3）の調査において、すでに市職員に対しては実際に運用が開始されていることが確認された。

　民法879条は、扶養の程度は「扶養義務者の資力」だけでなく、「その他一切の事情」を考慮して裁判所が定めるものと規定している。したがって、具体的な扶養義務（仕送り額）の有無・程度は、双方の収入・資産だけでなく、権利者・義務者の関係の親疎・濃淡、権利者（要扶養者）の過失の有無等、さまざまな考慮要素で決まるものであり（於保不二雄＝中川淳編『新版注釈民法⑵親族(5)』（有斐閣、1994年）783頁・790頁・796頁）、収入のみを基準に金額を定める大阪市の仕送り額の「めやす」はそれ自体、民法の規定と相いれないものである。特に、第4章Ⅲに紹介する「養育費・婚姻費用の算定方式と

（注3）　研究者、弁護士・司法書士の有志および支援団体が中心となって結成された調査団である。大阪市の「団体との協議等のもち方に関する指針」に基づき2014年（平成26年）5月28日・29日の2日間にわたり、大阪市淀川区、同大正区、同住之江区、同生野区、同浪速区、同西成区の各区役所および大阪市本庁との間で生活保護行政についての交渉を行った。

算定表」が存在する生活保持義務関係にある養育費・婚姻費用だけでなく、こうした研究成果や家庭裁判所の審判例の蓄積もない生活扶助義務関係の場合についてまで、学識経験者等の検証も減ることなく全く独自に具体的目安を作成・提示している点には大きな問題がある。

　また、大阪市は、「めやす」を画一的に当てはめるような運用はしない旨説明しているが、実際に「めやす」が一般に運用されれば、扶養義務者は、単に年収のみを基準に機械的に一定額の仕送りを求められ、扶養を事実上強制される結果となることが強く懸念される。仮に、家庭裁判が判断すれば具体的扶養義務を否定するような事案において、実施機関が虚偽の説明をしたため、「めやす」に示された額の仕送りをする義務があるものと誤信し仕送りを行った場合には、実施機関の行為が扶養義務者に対する不法行為を構成する可能性もある。したがって、このような「仕送り額の『めやす』」は速やかに廃止されるべきである。

4　扶養義務を果たさない扶養義務者に対する費用徴収

　生活保護法77条1項は、「被保護者に対して民法の規定により扶養の義務を履行しなければならない者があるときは、その義務の範囲内において、保護費を支弁した都道府県又は市町村の長は、その費用の全部又は一部を、その者から徴収することができる」と定めている。そして、同条2項は、「前項の場合において、扶養義務者の負担すべき額について、保護の実施機関と扶養義務者の間に協議が調わないとき、又は協議をすることができないときは、保護の実施機関の申立により家庭裁判所が、これを定める」と定めている。

　このように、生活保護法は、扶養義務者が真に富裕であるにもかかわらず援助しないケースでは、扶養義務者から費用を徴収できるとの規定を置いている。したがって、現行法でも、明らかに多額の収入や資産を有しており、関係も良好であるのに扶養を行わない扶養義務者に対しては、この規定を利

第2章　日本における扶養制度

用して費用徴収をすることができる。ただし、この規定を一般に広く適用することは、事実上、扶養を保護の要件にするのと類似の効果を招くおそれがある。

　また、後述する諸外国の制度と比較すると、たとえばフランスには、日本の生活保護法77条のような扶養義務者に対する求償の規定は存在せず、ドイツでは、求償権を行使できるのは義務者たる直系血族が1親等内、かつ、一定の収入を保持する場合（10万ユーロ（約1370万円）以上）等に限られているなど、扶養義務者に対する求償について謙抑的な姿勢がみられるところであり、諸外国に比べ、扶養義務者の範囲が広くなっている日本においては、費用徴収権の行使はより慎重になされる必要がある。

第3章　生活保護実務における扶養調査のあり方

I　はじめに

1　扶養調査の眼目は何か

　先に述べた扶養と生活保護の関係からすれば、扶養調査の眼目は、扶養義務者が現に「扶養の能力」と「扶養の意思」を有しているか否か、それも単なる可能性や蓋然性ではなく、要保護者の一挙手一投足で金銭となり得る具体的な現実性があるか否かを確認することにあるといえる。扶養は保護の要件ではない以上、実施機関が「扶養の意思」のない扶養義務者に対して、その意思を持つように押し付けたり働きかけたりすることが一般的に要請されているものではない。また、「扶養の能力」があるかどうか不明な場合に探索的な調査をすることが一般的に要請されるものでもない。

　そのため、厚生労働省の実施要領等（生活保護手帳、別冊問答集）も、実は、網羅的・探索的な扶養調査を要請してはいない。

　扶養調査は、大まかにいうと、①生活保護利用者からの聴取、②戸籍調査、③扶養照会文書の発送と回収からなる。詳細は後述するが、実施要領等においても、要保護者本人からの聴取等によって「扶養の可能性が期待できない」と判断される扶養義務者に対しては扶養照会を不要とするなど、効率的・現実的な手順が定められているのである。

2　問題のある扶養照会の横行

　しかし、現実には、実施要領等の規定ぶりが、複雑かつ難解であることから、実務に混乱を招いている。実務上、①の当事者からの聴取による扶養の

第3章　生活保護実務における扶養調査のあり方

期待可能性の確認は軽視され、②の戸籍調査の結果確認された扶養義務者については、一律に③の扶養照会文書を送付する扱いが横行している。現に、大阪市においても、ドメスティック・バイオレンス事案によって離婚・別居に至り、それ以降35年間にわたって音信不通であった保護申請者の子らや、保護申請者が一度も会ったことのない孫らに対してまで扶養照会が行われた事案や、40年間音信不通であった保護申請者の兄弟に対し扶養照会が行われた事案などが、前記大阪市生活保護行政問題全国調査団の調査により確認されている。

　しかし、このような実務の現状は、以下に述べるように、保護を利用しようとする生活困窮者にとってはもちろんのこと、保護実務を担当するケースワーカーにとっても決して望ましいことではない。①当事者からの十分な聴取と、②特に戸籍の附票によって同居期間を確認することなどによって、扶養の期待可能性を的確に判断し、③扶養照会文書の発送事務を真に必要な場合に限定して行うことが今、強く求められている。

3　ケースワーカーの立場から

　厚生労働省や都道府県による監査に際しては、扶養調査が不徹底であるとの指摘がなされることも多い。こうした指摘を受けて、多くの福祉事務所は、戸籍調査によって判明した扶養義務者に対して、一律に扶養照会文書を送付している。

　社会福祉法16条は、都市部のケースワーカーの受け持ち世帯数は80世帯を標準とすると定めているが、この標準数が守られている自治体はほとんどなく、100世帯を超えるケースを担当する職員も少なくない。ただでさえ忙しいケースワーカーにとって、膨大な事務作業を要する扶養調査は大きな負担である。また、不要な扶養照会を強行することにより、当事者との援助関係を構築しにくくなることもある。

　しかし、扶養照会の目的と実施要領を正しく理解し、真に必要な場合に限

って扶養照会等を行うことによって、事務負担を大いに軽減し、その分、本来のケースワーク業務に時間を割くことができる。保護開始当初に要保護者本人からの聞き取りを十分に行うなどして的確な方針を立て、扶養照会を不要とした理由等を実施要領等の根拠も引用しつつケース記録に明確に記録すれば、厚生労働省等の監査（指導検査）において問題を指摘されることも回避できる。

4　生活困窮当事者・支援者の立場から

　長年過酷なホームレス生活を続けている人の中には、何十年も前に迷惑をかけて別れた子どもや兄弟姉妹に扶養照会がされるのが嫌で、生活保護の申請をしない人も少なくない。ホームレス生活者のみならず要保護者全般にとって、扶養照会は、生活保護申請をためらわせる大きな要因となっている。また、本来あってはならないことであるが、扶養義務者に対する扶養照会が返ってこないことを理由に14日という法定期限を守らず、保護の開始決定を遅らせる実施機関も散見される。こうした弊害にもかかわらず、生活困窮当事者や、その支援者の間でも、従来ともすれば、「扶養照会がされること自体は回避のしようがない」とあきらめムードがあった。

　しかし、上記のように長年音信不通の場合は、厚生労働省の通知等によっても、本来、扶養照会を行う必要がない（後記Ⅳ参照）。当事者や支援者も、扶養照会の目的と実施要領等を正しく理解し、保護申請時にこうした理解と根拠をケースワーカーに伝え、不要な扶養照会を行うことのないよう強く求めて交渉することが必要である。このような取組みを積み重ねることによって、扶養照会を恐れてホームレス生活を続けるような非人道的な事態をなくしていかなければならない。

Ⅲ　民法上の扶養義務者　（『別冊問答集2014』142頁）

　第2章で述べたとおり、直系血族と兄弟姉妹は、民法上当然の扶養義務者

第3章　生活保護実務における扶養調査のあり方

（絶対的扶養義務者）とされ（民法877条1項）、これ以外の3親等内の親族は、家庭裁判所が審判で特別の事情があると認めた場合に限り扶養義務を課される（相対的扶養義務者）こととされている（同条2項）。なお、夫婦間の扶養は、民法752条（夫婦間の協力扶助義務）等として規定されている。

そして、扶養の程度については、夫婦と親の未成熟子（おおむね中学生程度）に対する関係では「生活保持義務関係」という、いわば強い扶養義務を負う。一方、それ以外の直系血族、兄弟姉妹、3親等内の親族については、「生活扶助義務関係」という、いわば弱い扶養義務を負う（〔表1〕参照）。

具体的には、生活保持義務とは、扶養義務者が文化的な最低限度の生活水準を維持したうえで余力があれば自身と同程度の生活を保障する義務をいう。また、生活扶助義務とは、扶養義務者とその同居の家族がその者の社会的地位にふさわしい生活を成り立たせたうえでなお余裕があれば援助する義務をいう（第2章Ⅲ3(3)参照）。

実施要領（『生活保護手帳2014』233頁・234頁）においても、「扶養の程度は、次の標準によること」として、「生活保持義務関係」については「扶養義務者の最低生活費を超過する部分」、「生活扶助義務関係」については「社会通念上それらの者にふさわしいと認められる程度の生活を損なわない限度」と定められている。

〔表1〕　**扶養義務の民法上の位置づけと扶養義務の内容**

扶養義務の内容 ＼ 民法上の位置づけ	752条（夫婦）	877条1項（絶対的扶養義務者）	877条2項（相対的扶養義務者）
生活保持義務関係	夫婦	親の未成熟の子に対する関係（※）	
生活扶助義務関係		直系血族（※を除く）および兄弟姉妹	3親等内の親族（おじ、おば、甥、姪）で家庭裁判所が審判で特別の事情ありと認める者

Ⅲ 扶養義務者の存否確認

　保護の申請があったときは、要保護者からの申告を基本とし、必要に応じ、戸籍謄本等によって、次の扶養義務者の存否を確認する（局長通知第5-1(1)。『生活保護手帳2014』229頁）。

　① 　絶対的扶養義務者
　② 　相対的扶養義務者のうち次に掲げる者
　　ⓐ 　現に当該要保護者またはその世帯に属する者を扶養している者
　　ⓑ 　過去に当該要保護者またはその世帯に属する者から扶養を受ける等特別の事情があり、かつ、扶養能力があると推測される者

　ここで特に注意すべきは、相対的扶養義務者である3親等内の親族（おじ、おば、甥、姪）は、家庭裁判所が審判で特別の事情ありと認めてはじめて扶養義務が生じるのであって、一般的に扶養義務を負うものではない点である。この点、『別冊問答集2014』第5「問5-4」(146頁)は、「家庭裁判所の審判のない……相対的扶養義務者に対して……扶養義務の履行を求むべき場合の法律的根拠を教示されたい」との問に対して、「具体的な法律上の根拠はない」と明確に記載しており、続けて「扶養義務の確認審判を求める場合における関係者の時間、費用等の負担を省き、また、当事者間の感情的摩擦を避けるという意味合いから、かかる取扱いによることとしたもの」としている。すなわち、法律上の根拠なく、家庭裁判所に代わって実施機関が「特別な事情」の有無の判断を行うというのである。このような「取扱い」は、判断能力も権限もない実施機関が、実際は具体的扶養義務を負わない親族に対して扶養義務の履行を求める過ちを犯す危険が高いことから、相対的扶養義務者に対する扶養照会等は原則的に行うべきではない。少なくとも、家庭裁判所に審判を申し立てれば確実に「特別事情」が認められるであろう確証のあるケースにおいてのみ許され得るという意識を持つことが大切である。その意味で、「扶養能力があると推測される」とは、単なる憶測ではなく現実的可

第3章　生活保護実務における扶養調査のあり方

能性である必要がある。上記問答も、現実の扶養関係がある（あった）極めて例外的な場合を想定しているので、作業としては、要保護者本人からの聴取等によって、そのような相対的扶養義務者が存在しないことを確認してケース記録に記載すればよい。

〈ケース記録記載文例〉
　主の申告等によれば、現に主又はその世帯に属する者を扶養し、または過去に主又はその世帯に属する者から扶養を受ける等した相対的扶養義務者（局第5-1(1)イ）は存在しない。

Ⅳ　扶養の可能性調査

　扶養義務者の職業、収入等につき要保護者その他から聴取する等の方法により、扶養の可能性を調査する（局長通知第5-2(1)）。

　扶養義務者が次のような者である場合については、「扶養義務の履行が期待できない者」と取り扱ってよい。後に述べるとおり、このような場合、「扶養義務者に対する直接照会はする必要がない」とされているので、聴取等によって以下の事実関係を確認し、ケース記録に記載しておくことは、扶養照会事務を効率的に行ううえで極めて重要である。

①　被保護者、社会福祉施設入所者および実施機関がこれらと同様と認める者（課長通知問第5の2）
②　要保護者の生活歴等から特別な事情があり明らかに扶養できない者（課長通知問第5の2）
③　夫の暴力から逃れてきた母子等、当該扶養義務者に対し扶養を求めることにより明らかに要保護者の自立を阻害することになると認められる者（課長通知問第5の2）

　①にいう「実施機関がこれらと同様と認める者」とは、たとえば長期入院患者、主たる生計維持者ではない非稼働者、未成年者、おおむね70歳以上の

高齢者などが想定され、②の例としては、20年間音信不通である者等が想定されている（別冊問答集問 5-1）。

V 重点的扶養能力調査対象者

以下の者は、「重点的扶養能力調査対象者」としての扶養能力調査を行うべきものとされている（局長通知第 5-2(2)）。

① 生活保持義務関係にある者
② ①以外の親子関係にある者のうち扶養の可能性が期待される者
③ ①・②以外の、過去に当該要保護者またはその世帯に属する者から扶養を受ける等特別の事情があり、かつ、扶養能力があると推測される者

ここで重要なことは、親子関係であっても「扶養の可能性が期待できない場合」は重点的扶養能力対象者とはならないこと、兄弟姉妹については③の特別事情などがない限り重点的扶養能力対象者とはならないことである。

また、②③は、結局において「扶養が期待できる」場合であって、扶養が期待できない場合であっても重点的扶養能力調査対象となるのは①の生活保持義務関係にある者だけである。なお、ここでも、「扶養の可能性があると推測される」とは、単なる憶測ではなく現実的可能性でなければならない。

本人からの聞き取りや、戸籍の附票（住民登録の履歴）によって同居時期や期間を確認することで、「扶養の可能性」の有無を見極めることが重要であることは変わらない。

VI 扶養義務の履行が期待できると判断された場合の取扱い

1 重点的扶養能力調査対象者 （局長通知第 5-2(2)ア）

(1) **実施要領の記載**

(A) **実施機関の管内に居住する場合**

「実地に調査する」とされている。

第3章 生活保護実務における扶養調査のあり方

〈図1〉 扶養調査フローチャート

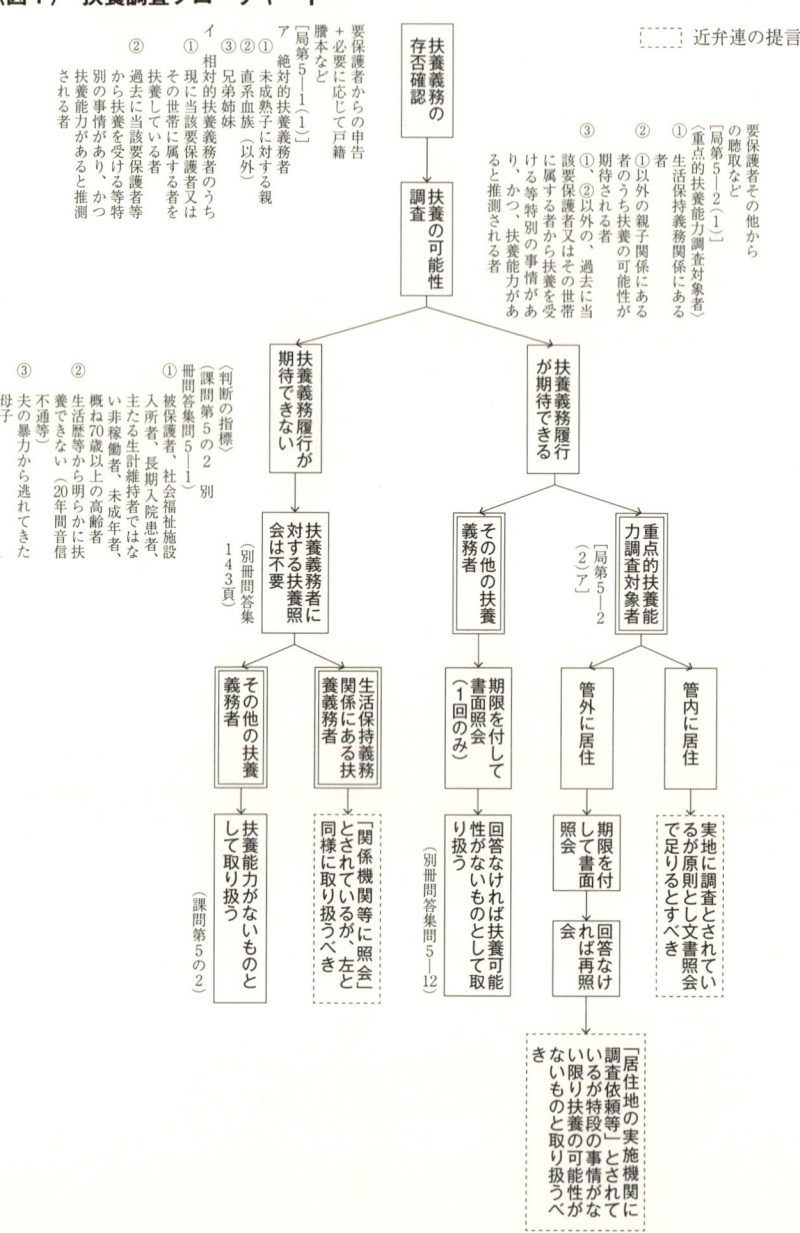

```
┌┄┄┄┄┐ 近弁連の提言
└┄┄┄┄┘
```

扶養義務の存否確認
├─ 要保護者からの申告
│   ＋必要に応じて戸籍謄本など
├─ ア 絶対的扶養義務者
│   直系血族（以外）
│   兄弟姉妹
├─ イ ①未成熟子に対する親
│   ②相対的扶養義務者のうち現に当該要保護者又はその世帯に属する者を扶養している者
│   ③過去に当該要保護者等から扶養を受ける等特別の事情があり、かつ扶養能力があると推測される者
│   ［局第5-1(1)］

↓
扶養の可能性調査

├─ 扶養義務履行が期待できない
│   ［判断の指標］
│   （課問第5の2別冊問答集問5-1）
│   ① 被保護者、社会福祉施設入所者、長期入院患者、主たる生計維持者ではない非稼働者、概ね70歳以上の高齢者、未成年者
│   ② 生活歴等から明らかに扶養できない（20年間音信不通等）
│   ③ 夫の暴力から逃れてきた母子
│   ↓
│   扶養義務者に対する扶養照会は不要（別冊問答143頁）
│   ├─ 生活保持義務関係にある扶養義務者
│   │   ┌┄┄┄┄┄┄┄┄┄┄┄┄┄┄┄┄┄┄┐
│   │   │「関係機関等に照会」とされているが、左と同様に取り扱うべき│
│   │   └┄┄┄┄┄┄┄┄┄┄┄┄┄┄┄┄┄┄┘
│   └─ その他の扶養義務者
│   扶養能力がないものとして取り扱う
│   （課問第5の2）
│
└─ 扶養義務履行が期待できる
    ├─ その他の扶養義務者
    │   期限を付して書面照会（1回のみ）
    │   回答なければ扶養可能性がないものとして取り扱う
    │   （別冊問答集問5-12）
    └─ 重点的扶養能力調査対象者
        ［局第5-2・ア］
        ① 生活保持義務関係にある者
        ② 重点的扶養能力調査対象者以外の者のうち扶養の可能性が期待される者
        ③ ①以外の親子関係から、過去に当該要保護者又はその世帯に属する者から扶養を受ける等特別の事情があり、かつ、扶養能力があると推測される者
        ［局第5-2(1)］
        要保護者その他からの聴取など
        ├─ 管内に居住
        │   照会
        │   ↓
        │   期限を付して書面照会
        │   ↓
        │   回答なければ再照会
        └─ 管外に居住
            ┌┄┄┄┄┄┄┄┄┄┄┄┄┄┐
            │実地に調査とされているが原則とし文書照会で足りるとすべき│
            └┄┄┄┄┄┄┄┄┄┄┄┄┄┘

┌┄┄┄┄┄┄┄┄┄┄┄┄┄┄┄┄┄┄┄┄┐
│「居住地の実施機関に調査依頼等」とされているが特段の事情がない限り扶養の可能性がないものと取り扱うべき│
└┄┄┄┄┄┄┄┄┄┄┄┄┄┄┄┄┄┄┄┄┘
```

42
```

(B) 実施機関の管外に居住する場合

まず回答期限を付して書面により照会し、期限までに回答がない場合には再度照会する。そのうえで「なお回答がない場合は、その者の居住地を所管する保護の実施機関に書面をもって調査依頼を行うか、又はその居住地の市町村長に照会」し、「調査依頼を受けた保護の実施機関は、原則として3週間以内に調査の上回答すること」とされている。

(2) 実態と対応策

上記のとおり、重点的扶養能力調査対象者が実施機関の管内に居住している場合には「実地に調査する」ものとされているが、実施し得ていない実施機関がほとんどである。突然実地訪問をしても扶養に結びつくことは通常あり得ないし、ケースワーカーの人員が圧倒的に不足している実施体制の中では、かかる通知は現実性を欠いているからである。

現状の実務運用としても書面照会を行えば足りると扱われているようであり、原則として管外に居住する場合と同様に、書面による照会で足りると通知を改訂すべきである。

また、管外に居住する重点的扶養能力調査対象者に対する2回の書面照会に回答がない場合の所管の実施機関に対する調査依頼等についても、現実性・実効性に欠けるため、実施している実施機関はほとんどないようである。ただでさえ忙しいのに、他の福祉事務所からの調査依頼についてまで応じる余裕などないというのが実態であり、厚生労働省の監査等においても、このような調査依頼を行っていないことについての問題指摘がなされた例は聞かない。

いずれの場合も、2回文書照会をしても回答がないということは、「扶養義務の履行が期待できる」との見立てそのものが間違っていた可能性が高いのであり、他に「扶養義務の履行が期待できる」と強く推測されるような特段の事情がない限り、実施機関への調査依頼や市町村長照会は行うまでもなく、2と同様に「扶養の可能性がないもの」として取り扱ってよいと解され、

43

そのように通知を改訂すべきである。

> 〈ケース記録記載文例〉
> 　主の元夫○○は、主の長男に対しては生活保持義務関係にあり、扶養の可能性も期待されたため、○年○月○日と同年○月○日の二度にわたって文書照会を行ったが、今日に至るも回答がない。別居してすでに5年以上が経過し、現在の勤務先や収入等も不明であって、他に扶養義務の履行が期待できる特段の事情も存在しないことから、扶養の可能性がないものとして取扱う（別冊問答集問5-12参考）。

2　重点的扶養能力調査対象者以外の者

　回答期限を付して書面により照会する（局長通知第5-2(3)ア）。実地に行う必要はなく、期限までに回答がない場合には、再度期限を付して照会するまでもなく、扶養の可能性がないものとして取り扱ってよい（別冊問答集問5-12）。

> 〈ケース記録記載文例〉
> 　主の兄○○には扶養義務の履行が期待できると判断し、回答期限を○年○月○日として書面による照会を行ったが、本日に至るも回答がない。よって、扶養の可能性がないものとして取扱う（別冊問答集問5-12）。

Ⅶ　扶養義務の履行が期待できないと判断された場合の取扱い

　生活保持義務関係にある場合も含めて、「扶養義務の履行が期待できないと判断された場合」には、扶養義務者に対する直接照会はする必要がないとされていることに留意が必要である（『別冊問答集2014』143頁）。

Ⅶ　扶養義務の履行が期待できないと判断された場合の取扱い

1　生活保持義務関係にある場合

「関係機関等に対して照会を行い、なお扶養能力が明らかにならないときは、その者の居住地を所管する保護の実施機関に書面をもって調査依頼を行うか、又はその居住地の市町村長に照会する」とされている（局長通知第5-2(2)ア）。

しかし、前述のとおりの実施体制の実情からすれば、関係機関照会や実施機関への調査依頼に現実性・実効性はなく、実際にも多くの実施機関が行っていない。このような調査は不要であり、その旨通知を改訂すべきである。

結局、生活保持義務関係にある場合についても、「扶養義務の履行が期待できない」と判断された場合には、扶養能力がないものとして取り扱ってよい。

〈ケース記録記載文例〉
　主の元夫・○○○○は定職につかずギャンブルに明け暮れる毎日であったことから、扶養義務の履行が期待できないと判断される。主は、元夫の暴力から逃れてきた者である。扶養照会することで、主世帯の自立を損なうことにもなるため、直接照会は行わない（課長通知問第5の2を準用）。

2　生活保持義務関係ではない場合

個別に慎重な検討を行い、扶養の可能性がないものとして取り扱ってよい。当該検討結果および判定については、ケース記録等に明確に記載する必要がある（課長通知問第5の2の答2・3）。

〈ケース記録記載文例〉
　主は親族とは25年間音信不通である。加えて、絶対的扶養義務者のうち、兄・甲山一郎は73歳の高齢者である。娘・乙川花子も主たる生計維持者ではない。一面識もない孫・乙川次郎については未成年者である。以上から、いずれ

第3章　生活保護実務における扶養調査のあり方

も扶養の可能性がなく「扶養義務の履行が期待できない」と認められる（課長通知問第5の2、別冊問答集問5-1）。よって、直接の扶養照会は行わない（別冊問答集143頁）。

Ⅷ　扶養義務者の扶養能力等に変動があったと予想される場合等の調査

「扶養義務者の扶養能力又は扶養の履行状況に変動があったと予想される場合は、すみやかに、扶養能力の調査を行い、必要に応じて(1)の報告を求めたうえ、再認定等適宜の処理を行うこと。なお、重点的扶養能力調査対象者に係る扶養能力及び扶養の履行状況の調査は、年1回程度は行うこと」とされている（局長通知第5-4(4)）。

ただし、たとえば、子どもの就学費用のため、扶養の可能性が期待できない等の実情が明らかになったときは、当該世帯の実情にあわせて適宜調査することとして差し支えないとされている（別冊問答集問5-8）。同様に、住宅ローンの返済のため扶養の可能性が期待できない場合なども、長期にわたって扶養の可能性が期待できないと考えられるので、当該理由が解消される時期までは調査を行う必要がないと解される。

〈ケース記録記載文例〉
　主の長男○○については、扶養照会の結果、その長女が私立大学1年生に在学中であるため、その学費等の仕送りのため扶養の可能性が期待できない。したがって、次回扶養調査は長女の大学卒業見込みである4年後以降に行うこととする（別冊問答集問5-8）。
　主の次男○○については、扶養照会の結果、同人が65歳に至るまでの30年の住宅ローンの返済負担があり扶養の可能性が期待できない。よって、当面の間、再度の扶養調査は行わない（別冊問答集問5-8）。

第4章　家庭裁判所の実務状況

I　扶養関係事件数の推移と内訳

1　扶養事件

　扶養事件とは、民法877条から880条までの規定による扶養の処分事件である。具体的には、無資力の子が資産を持っている親に対して扶養を求める事件や、無資力の親が資産を持っている子に対して扶養を求める事件などがその典型である。

　具体的な手続でいうと、ここで取り上げる扶養事件は、家事審判法9条1項乙類8号が定める審判および調停事件をいう。なお、家事審判法は2012年（平成24年）1月より家事事件手続法が施行されたことに伴い廃止されているが、ここでは、従前の家事審判法下の事件の統計を扱う**（注1）**。

2　統計からみえてくるもの

(1)　兄弟姉妹間での扶養事件の利用はほとんどないこと

　扶養に関する事件の状況は、年度によって異なる。1949年（昭和24年）か

（注1）　統計資料は、司法協会が発行している司法統計を使用した。具体的には、新受件数および既済事件数は第3表、兄弟姉妹間の扶養事件については第84表の数字を参照した。この第84表の数字は、次の2つの理由により、家事審判法9条1項乙類8号の事件数と必ずしも一致しない。
　　①　過大な計上がなされている。家事審判法9条1項乙類8号に掲げる扶養事件のうち、民法877条2項および879条に規定する扶養権利者から扶養義務者に対する扶養請求事件ならびに家事審判法9条1項乙類1号に掲げる夫婦間の協力扶助義務に関する事件で上記扶養事件と実質を同じくする事件が計上されている。ここでいう実質を同じくする事件とは、子の監護に関する処分が含まれている。
　　②　過小な計上がなされている。その他の扶養事件、たとえば扶養義務の変更、取消しなどが含まれていない。

第4章　家庭裁判所の実務状況

ら2012年（平成24年）までの間でみると、2500件〜4000件で推移している。統計で兄弟姉妹間の扶養事件数が確認できる1976年（昭和51年）から1997年（平成9年）までの間では、扶養事件の総数は、1600件〜4000件である（〈図2〉〈図3〉参照）。

他方、兄弟姉妹間の扶養事件数（申立人と相手方が兄弟姉妹の関係にある扶養事件）は、100件〜170件ほどで推移している。その割合は、わずか4％程度である（〈図4〉参照）。

(2)　老親扶養が問題の中心であること

しかも、兄弟姉妹間の扶養事件の中心は、兄弟姉妹間の扶養ではない。両親の扶養が問題の中心である。つまり、年老いた親の面倒を兄弟姉妹の中で誰がみるかについて争われている事例である。兄弟姉妹間の扶養事件の総数のうち、実に70％近くは、要扶養者が両親の事件である（〈図5〉参照）。

兄弟姉妹を要扶養者とする兄弟姉妹間の扶養事件は、全体の割合でいえば、実に1〜2％程度の割合でしかない。

〈図2〉　扶養に関する処分　新受件数

→◆→ 扶養に関する処分（乙8）新受事件数審判
→■→ 扶養に関する処分（乙8）新受事件数調停
--▲-- 扶養に関する処分（乙8）新受事件数合計

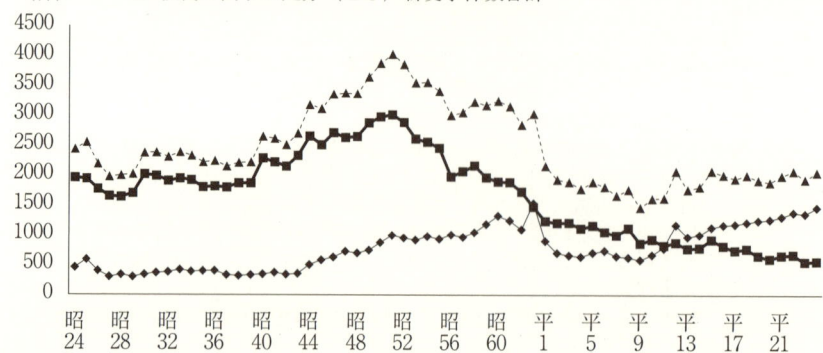

Ⅰ　扶養関係事件数の推移と内訳

〈図3〉　扶養に関する処分　既済件数
- 扶養に関する処分（乙8）既済事件数審判
- 扶養に関する処分（乙8）既済事件数調停
- 扶養に関する処分（乙8）既済事件数合計

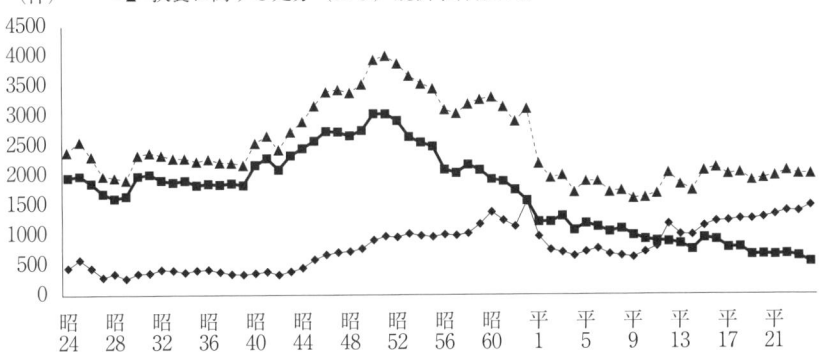

〈図4〉　扶養に関する事件　既済事件数
- 兄弟姉妹間の扶養に関する既済事件数
- 扶養に関する事件既済事件数

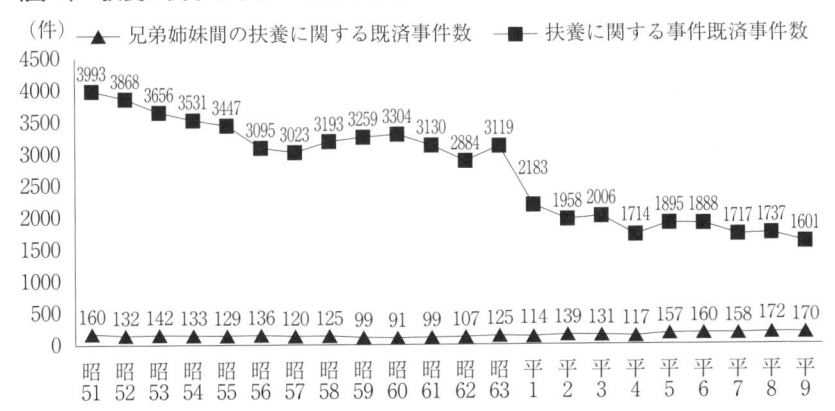

(3) 扶養事件数の下げ止まりと審判事件の急増

　扶養事件数は、1975年（昭和50年）頃にピークを迎えた。この頃は年間4000件ほどであった。以後、年々事件数は減少し、1997年（平成9年）頃には年間2000件ほどと半減した。しかし、それ以降、減少傾向は止まり、2000件程度を維持している（〈図2〉〈図3〉参照）。

　他方、扶養事件のうち、審判事件数は増加している（〈図2〉〈図3〉参照）。

49

第4章　家庭裁判所の実務状況

1949年（昭和24年）当時、扶養事件の新受件数のうち、実に80％は調停事件であり、審判事件はわずか20％にすぎなかった。ところが、審判事件は年々増加し、1999年（平成11年）以降は、新受件数では、審判事件数が調停事件

〈図5〉　兄弟姉妹間の扶養事件の内訳

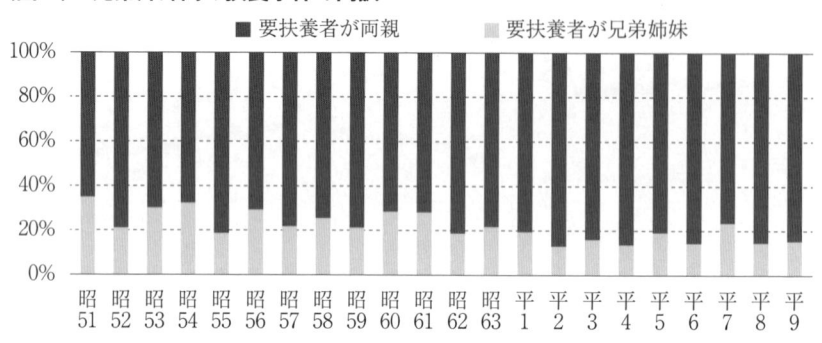

〈図6〉　扶養に関する処分　新受事件の内訳

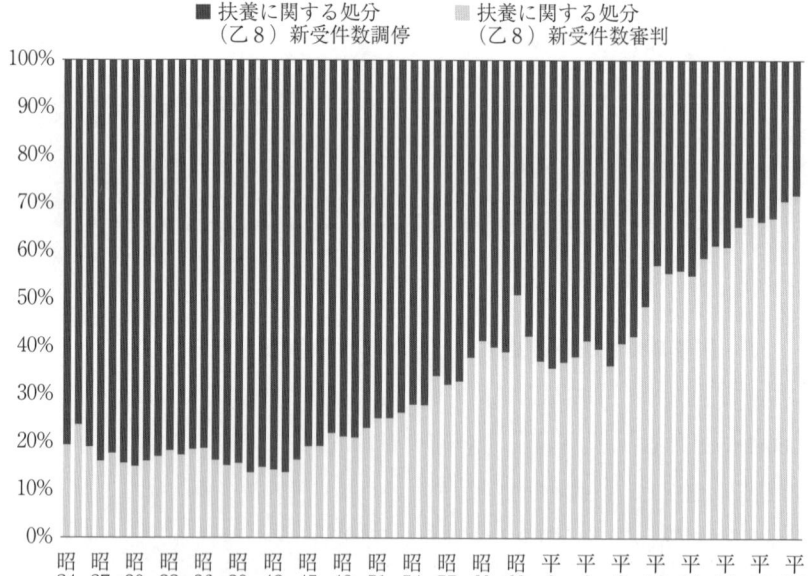

数を超えるようになった2012年(平成24年)では、新受件数のうち、審判事件が約70％となっている(〈図6〉参照)。扶養事件に関し、話し合いでの解決が困難となっていることが原因と思われる。

3 分　析

(1) 兄弟姉妹間の扶養

兄弟姉妹を要扶養者とする扶養事件は、ほとんど利用されていない。民法の規定にかかわらず、国民意識として、兄弟姉妹に扶養を求める意識が希薄であり、民法の同規定は形骸化しているといえる。

(2) 老親扶養

日本社会が高齢化しているにもかかわらず(**注2**)、1975年(昭和50年)頃のピーク時と比べて、扶養事件数は半減し、それ以降は横ばいのままである。国民意識として、親族扶養だけでなく、老親扶養の意識も薄れてきており、扶養の規定そのものが形骸化しつつあると考えられる。

(3) 親族関係

扶養事件全体は減少しているが、審判事件が増加傾向にあることから、家族間での話し合いによる解決は昔と比べて困難となっているのではないか。その背景としては、親族関係における共同体としての実態が希薄化したことにより、親族や老親を扶養するという意識そのものが薄れていることが考えられる。

(注2)　総務省統計局の統計(国勢調査)によれば、1975年(昭和50年)当時の高齢者人口(65歳位上の人口)は、887万人であり、総人口に占める割合は7.9％であった。他方、2010年(平成22年)当時の高齢者人口は、2948万人であり、総人口に占める割合は23％であった。

Ⅱ 生活保護と扶養に関する裁判例

1 調査した裁判例

　調査対象とした裁判例は、生活保持義務関係であっても、自己の生活を最低生活費以下にしてまで扶養する義務はないとしたケース等（㋐〜㋕）、および、生活保持義務関係にあり、義務者が経済的に余力がない旨主張したにもかかわらず、扶養義務を認めたケース等（①〜③）である。

2 調査結果と分析

　裁判例の多くは、生活保持義務関係であっても、扶養義務者の生活を最低生活費以下にしてまで扶養義務を認めることには消極的である（㋐〜㋓、㋕）。特に、㋑や㋓では、生活保護法の目的や趣旨を理由に、最低生活費以下の場合は扶養義務がないと明確に述べられている。

　また、生活保持義務が親子の本質的なあり方と必然的共同生活性を基礎として認められるものであることや、生活保護法に基づき各人に最低生活水準を確保させようとする公的扶助制度の存在を理由に、離婚により子どもと共同生活をしなくなった親については自己の生活を最低生活費以下に下げてまで子の扶養料を分担することは期待できないとするものもある（㋐、㋒）。

　なお、生活保護利用者が、経済的余裕のない者に対して養育費を請求した事案で、「たとえ僅少の養育料の支払いを命じても、申立人らとしては生活保護に頼ることを完全にやめることができるわけではなく、僅かな額だけ減額されるだけで申立人らは実質的に何の利益も受けないから」と述べて養育費の支払いについて却下した事案があった（㋔）。

　他方、生活保持義務であることを強調して、生活保護利用者に対する扶養義務を認めた裁判例もある（①）。この裁判例は、控訴審判決の10カ月前まで収入があったことや、就労の意欲と必要性の認識はあるが仕事の内容を選

んで就職活動しているため就職できないこともあわせて考慮し、扶養料の支払いを認めたものであり、必ずしも生活保持義務であることのみから直ちに扶養義務を認めたわけではない。しかし、現に生活保護を利用している扶養義務者に対し支給されている保護費の中から養育費を支払うよう命じるものであり、国家の最低生活保障の義務を無視した不当な判決であるといわざるを得ない(注3)。

なお、裁判例②は、原審が相手方に経済的な余力はないとして扶養請求を却下したのに対し、控訴審は一転して養育費の支払義務を認めたものであるが、この裁判例は、親の援助であるにせよ自らの生活が維持されていること、毎月債務の弁済をしていること、新築後間もない新居を所有し単身居住していることなどの事実関係に照らし、相手方に経済的余力がないとした原審の判断を覆したものであり、単純に資力がなくても扶養義務を免れないとしたものではない。

3　裁判例の概要

(1) 生活保持義務関係であっても、自己の生活を最低生活費以下にしてまで扶養する義務はないとしたケース

⑦　東京家裁昭和37年7月23日審判（判例タイムズ135号102頁）

【概要】　申立人が相手方に、財産分与と養育費の支払いを求めた事案。

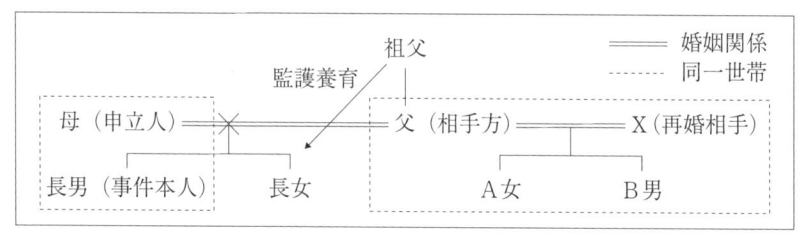

〔申立人〕バー経営で1カ月1万円～1万3000円の収入。店舗賃料1カ月

（注3）　本澤巳代子「扶養義務（877条以下）との関係」法律時報1075号（2014年）58頁。

7000円。生活費として、賃料3000円のほか、食糧費、事件本人の学費、衣料費だけでも5100円の支出必要であり、最低限の生活をしている。いとこに借金3万円。

〔事件本人〕長男（16歳）

〔相手方〕昭和28年頃、20万円を出資して資本金2000万円の会社を設立。昭和34年に倒産、相手方が1500万円の保証債務を負うに至る。第二会社として有限会社設立。現在、相手方は、有限会社の代表社員として、手取月収額は少なくとも4万円はある。

【要旨】

「父母は、離婚後といえども、未成年の子の生活を保持すべき義務があるから、その資産・収入に応じて、監護費用を分担すべきものであるが、いわゆる生活保持義務は、子の生活を維持することが、同時に自己の生活を維持することになるという親子の本質的な在り方と必然的共同生活性を基礎として認められるものであるから、離婚により子と共同生活をしなくなつた親については、自己の生活を最低生活費以下に引き下げてまで、子の監護費用を分担すべきことを期待することはできないであろうし、ことに、本件のごとく、その親が新たな妻子と生活体を構成し、これを扶助している場合には、第一次的に、その妻子に対して、生活保持の義務を負つているのであるから、その共同生活に必要な最低限度の費用を切りつめてまで、他の生活体にある未成年者を扶助すべきことを期待しえないというべきであろう」。

事件本人の最低生活費は6558円強、申立人の最低生活費は8322円、相手方およびその家族の最低生活費は2万7550円、事件本人が相手方に引き取られ、その家族と共同生活をしていると仮定した場合に、事件本人の生活費として費消されると認められる金員は、相手方の手取収入額を4万円としても9870円強である。

「事件本人に必要な最低生活費は、約6,600円であつて、申立人が最低の生活費で生活するとしても、申立人の収入が13,000円のときでさえ約2,000円、

Ⅱ　生活保護と扶養に関する裁判例

その収入が10,000円のときは約5,000円不足するのであつて、その平均は、3,500円となる。

これに対し、相手方の収入は、その家族との共同生活に必要な最低の費用を12,450円超える。

すなわち、相手方は、同人と生活を共同にする家族の最低生活を維持する以上の収入を得ているわけであるから、事件本人の生活費を分担するにたる資力があるといいうる」。

「父、母の生活水準が異る場合に、いずれの水準により、事件本人の生活費を決定すべきかは、困難な問題であるが、事件本人および申立人が最低生活費以下の生活費を余儀なくされていたのは、相手方が、事件本人に対する相応の生活費を分担しなかつたことによるものであるから、少くとも、申立人の生活水準によるべきものということはできない。そうして相手方は、事件本人の監護費用を負担するだけの資力があるのであるから、申立人自身も、最低生活だけは保障されて然るべきものということができ、したがつて、相手方が事件本人のために負担すべき監護費用は、3,500円以上たるべきものである。

また、子の福祉を考えるならば、その監護費用は、程度の高い相手方の生活水準によるべきもの……であり、これを事件本人の現住所に換算すると、約7,200円になる。そうして、この費用は、申立人もまた負担すべきものであるから、相手方の負担すべき金額は、7,200円以下になるものと計算される」。

㋑　大阪家裁昭和57年5月29日審判（家庭裁判月報35巻10号85頁）

【概要】　申立人が相手方に対して事件本人の養育費の支払いを求めた事案

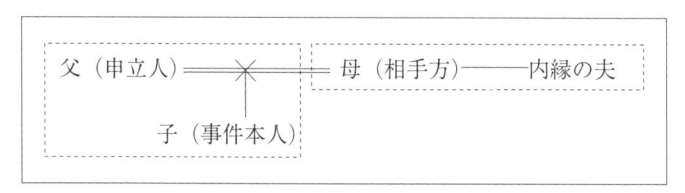

```
┌─────────────────────────────────────┐
│  父（申立人）──╳──　母（相手方）────内縁の夫  │
│           │                          │
│        子（事件本人）                   │
└─────────────────────────────────────┘
```

〔申立人〕金融機関の会社勤め。平均手取月収（直近2カ月）12万9742円。その他資産なし。

〔事件本人〕子

〔相手方〕電機会社のパート工員。平均手取月収（直近7カ月）5万4305円。その他資産なし。

〔参考：生活保護基準額〕

申立人および事件本人：10万8273円（昭和56年）、11万5990円（昭和57年）

相手方（単身）：7万0797円（昭和56年）、7万6138円（昭和57年）

【要旨】

「親の未成熟子に対する扶養義務は、いわゆる生活保持の義務として、親が未成熟子に対して自己と同程度の生活を保持できるようにする義務であると解されている。しかしながら、現在の日本には生活保護法という法律があり、同法は、国民に最低限度の生活を保障することを目的とし、その最低限度の生活を営むに必要な生活費を、各人の性別・年齢別・世帯構成別・所在地域別等の事情を考慮して、生活保護基準額として定め、生活保護基準額に満たない収入しかない者に対しては、公的扶助としてその不足分を与えることを定めている。同法の目的及び趣旨からすると、生活保護基準額に満たない収入しかない親は、たとえ自己の未成熟子に対してであつても、扶養すべき義務がなく、したがつて、未成熟子を現に監護養育している他方の親が、未成熟子の養育費を全額負担しなければならなくなつたために生活保護基準に基づく最低生活を維持できなくなつたときは、生活保護法に基づく公的扶助を受けるしかないものと解さざるを得ない」。

「相手方の収入は生活保護基準額に満たないので、相手方は事件本人の養育費を負担する義務がない」。

「相手方は、現実には事実上の夫と同居し、事実上の夫には収入があることが認められるが、事実上の夫と事件本人との間には何ら身分関係がなく、

事実上の夫が事件本人を扶養する義務がないので、相手方の収入を認定するに当つて、事実上の夫の収入を考慮すべきではない」。

⑦ 水戸家裁昭和46年１月14日審判（家庭裁判月報23巻９号110頁）

【概要】　申立人が相手方に対して扶養料の支払いを求めた事案

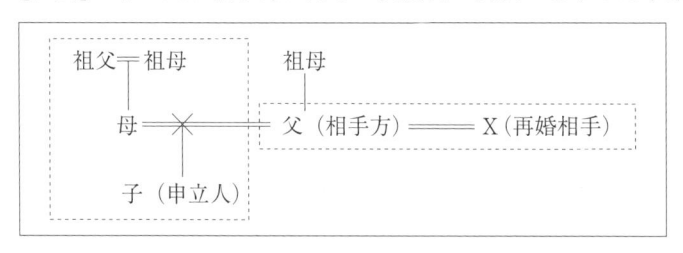

```
    祖父━祖母     祖母
        │        │
        母━╳━━父（相手方）━━━X（再婚相手）
            │
          子（申立人）
```

〔申立人〕子（小学２年生）

〔相手方〕学校勤務。手取年収約120万円。間借（賃料5000円）して再婚相手と生活している。父方祖母を扶養（毎月5000円送金）。申立人の母に対する慰謝料を支払うために弟から借りた借金70万円を毎月１万円ずつ返済中。その他にも借金あり。不動産を所有しているが、担保になっている。

〔母〕家事従事者。短大を卒業して心身健全であり、申立人は小学校２年生で父方祖父母も同居していることからすれば、十分に稼働能力を有し、相当の収入を得ることのできる状態にある。母方祖父は老齢であるが相当の資産を有しているので援助が相当程度期待でき、また、近い将来において、相続等による財産の取得も考えられないではない。

【要旨】

「未成熟の子に対する父母の扶養義務は血族である親子関係そのものから生ずるもので、いわゆる生活保持義務であるから、子に対する親権の帰属や両親のいずれが監護養育しているかということとは別個に、扶養の必要度、両親の資力、生活状態、社会的地位その他一切の事情を斟酌して、扶養の順位、程度、方法を定めるべきものと考えるが、いわゆる生活保持義務は子の生活を維持することが同時に自己の生活を維持することになるという親子の

第 4 章　家庭裁判所の実務状況

本質的なあり方と必然的共同生活性を基礎として認められるものであることおよび生活保護法に基づき各人に最低生活水準を確保させようとする公的扶助制度の存在していることを考えると、離婚により子と共同生活をしなくなつた親については自己の生活を最低生活費以下に引き下げてまで子の扶養料を分担すべきことを期待できないと考えられるし、殊にその親が新たな妻子等と共同生活を営み、これについて生活保持の義務を負つている場合にはなおさら、現在の共同生活に必要な最低生活費を切りつめてまで他の生活体にある未成熟子の扶助を要求することは酷に失し、期待できないものといわなければならない」。

㋒　札幌家裁昭和48年 3 月24日審判（家庭裁判月報26巻 1 号59頁）

【概要】　申立人が相手方に対して事件本人らの養育費の増額を求めた事案

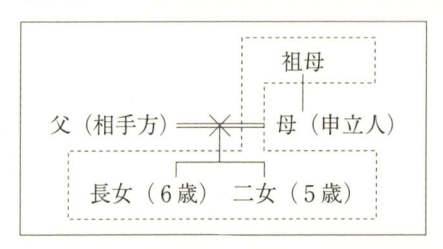

```
                    祖母
        父（相手方）＝✕＝母（申立人）
           長女（6歳）　二女（5歳）
```

〔申立人〕生活保護（昭和46年 4 月から）を利用していたが、昭和46年12月からは住込勤務となった（昭和47年 4 月〜12月は、給与月平均 4 万5396円、賞与合計31万6215円、給与増額分として合計 7 万6014円、各種賞与・手当増額分として合計 1 万9412円の収入）。

〔事件本人〕長女（6歳）、二女（5歳）

〔相手方〕国家公務員（昭和47年 4 月〜12月は、平均給与 7 万5080円、賞与合計40万1125円、給与改定による差額分合計 7 万7772円の収入）

〔母方祖母〕年金収入8000円。間借家賃月額6000円。事件本人らと同居して監護。

【要旨】

「一般に親の未成熟子に対する扶養義務の程度は、いわゆる生活保持の義

58

務と呼ばれ、一般親族間の扶養における生活扶助義務と対置されているけれども、生活保持義務にあつても扶養義務者は少くとも生活保護基準額程度(必ずしも完全に同等であることは要しない)の自己の最低生活費を賄つてなお余りある経済的能力がある場合に具体的扶養義務を生ずるものと解すべきである。生活保持義務者であるがゆえに、かかる最低生活を割つてまで扶養義務を負わせることになれば、扶養義務者自身も私的あるいは公的扶養に依存せざるを得なくなる事態が避けられなくなり、公私にわたる扶養制度の目的と調和しないものが生じるからである」。

㋗　旭川家裁昭和46年12月2日審判（家庭裁判月報25巻2号92頁）

【概要】　申立人が相手方に対して、事件本人らの親権者を相手方から申立人に変更すること及び事件本人らの養育費の支払いを求めた事案

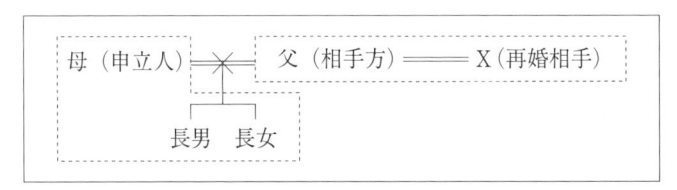

```
母（申立人）─×─　父（相手方）══ X（再婚相手）
         │
       長男　長女
```

〔申立人〕地主会勤務（月収手取2万5000円）。児童手当2800円。生活保護約2万円。

〔事件本人〕長男（中学3年生）、長女（中学1年生）

〔相手方〕会社勤務（月収手取約6万円）。家賃2万円。

【要旨】

「養育料の支払いについては、これを却下するのが相当であると認める。けだし、現段階においては、相手方の生計も相当苦しく、養育料を支払う余裕はないと認めざるをえないばかりでなく、親の義務を履行しようとする意思の全くない者にたとえ僅少の養育料の支払いを命じても、申立人らとしては生活保護に頼ることを完全にやめることができるわけではなく、僅かな額だけ減額されるだけで申立人らは実質的には何の利益も受けないからである」。

㋕　**神戸家裁尼崎支部昭和48年9月18日審判（家庭裁判月報26巻6号44頁）**

【概要】　申立人が相手方に対して扶養料の支払いを求めた事案

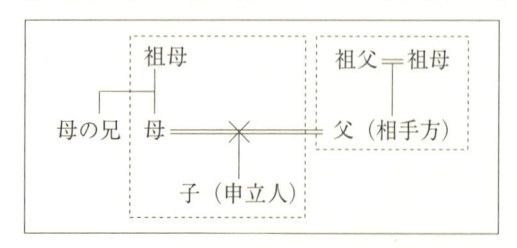

```
        ┌──────┐     ┌──────────┐
        │  祖母 │     │祖父═祖母  │
        │   │   │     │   │       │
    母の兄─母─────×─────父（相手方）│
        │       │     └──────────┘
        │   子（申立人）│
        └──────┘
```

〔申立人〕子（小学校4年生）。預金30万円。

〔相手方〕37歳、会社勤務（昭和47年の収入は149万6150円〔手取124万8595円〕）。

〔母〕36歳、会社勤務（昭和47年の収入は99万1388円〔手取88万7056円〕）。

【要旨】

「一般に、父母はその未成熟子に対して自己の社会的地位、収入に相応した同等の生活を保障する、いわゆる生活保持の義務があるのであるが、父母が離婚後は、その子がいずれに養育されている場合であつても、収入の多いしたがつて生活水準の高い親と同等の生活が保障されるべきであり、その費用すなわち扶養料は父母の各収入から<u>最低生活費を控除した各剰余金の割合で父母が負担する</u>ものとするのが相当である」。

(2)　**扶養義務者が経済的に余力がないと主張したにもかかわらず扶養義務を認めたケース**

①　**東京高裁平成24年8月29日判決（WestLawJapan文献番号2012WLJPLA 08296001）**

【概要】　原告・被控訴人が、被告・控訴人に対して、離婚を求めるとともに、事件本人らの親権者を原告・被控訴人と指定すること、離婚に伴う慰謝料の支払いおよび事件本人らの養育費の支払いを求めた事案。なお、原告・被控訴人と被告・控訴人はいずれも生活保護利用中であった。

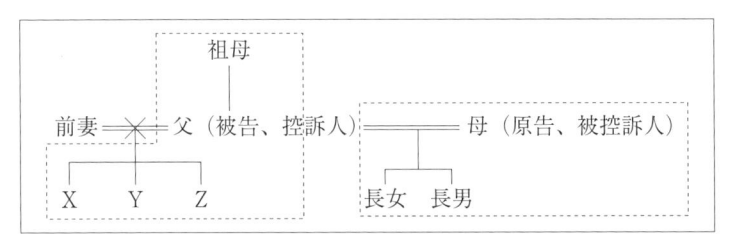

Ⅱ 生活保護と扶養に関する裁判例

```
            祖母
             │
  前妻―×―父(被告、控訴人)═══母(原告、被控訴人)
     │                        │
   X Y Z                    長女 長男
```

〔原告〕母（生活保護利用中）

〔被告〕父（生活保護利用中）

〔長女〕7歳

〔長男〕5歳

〔その他〕X、Y、Zは父の連れ子。Xは平成19年9月頃に児童養護施設入所。平成24年当時も入所中かどうかは不明。

母（原告）が父（被告）に対し、離婚、親権者指定、養育費ならびに慰謝料200万円を請求。

原審（東京家裁平成24年3月22日判決・WestLawJapan 2012 WLJPLA 03226004）は、養育費に関しては、原告が「養育費算定表に基づき養育費を算定すると、本件において定められる養育費の額は、月額各2万円と定めるのが相当である」と主張し、被告がこれを「否認」していたところ、裁判所は「原告と被告の収入の状況などに鑑みると、長女及び長男の養育費として、被告に対し、1人につき1か月1万円の支払を命ずるのが相当である」と判断した。

夫が控訴。養育費に関しては、「控訴人は、現在、生活保護を受給して生活しているものであり、当該生活費には別居中の子どもの養育費は一切含まれていない。控訴人の生活状況及び生活保護制度の趣旨を考慮すれば、控訴人に対して、被控訴人への養育費の支払いを認めるべきではない」と主張した。

【要旨】

控訴審判決は、「現在、控訴人及び被控訴人が共に生活保護を受給してい

第 4 章　家庭裁判所の実務状況

ること」を認定したうえで、「控訴人は、少なくとも平成23年 4 月まではホールスタッフとして勤務し月26万円の収入を得ていたこと、同年11月ころには派遣社員として稼働し、月21万円の収入を得ていたこと、現在は生活保護のみで生活しているが、就労の意欲と必要性の認識はあり、自由にシフトがきく昼間の仕事を選ぼうと、仕事の内容を選んで就職活動をしているため就労できないでいること、親の子に対する扶養義務の現れである養育費は、扶養義務者の生活に余裕があるときに扶助するというもの（いわゆる生活扶助義務）ではなく、扶養義務者の生活費を削ってでも要扶養者の生活を保持させるためのいわゆる生活保持義務であることも考慮すると、控訴人は養育費の負担を免れることはできないというべきである。そして、養育費の額については、原判決……が説示するとおり、本判決確定の日から長女及び長男が成年に達する日の属する月まで、毎月末日限り子 1 人につき 1 か月 1 万円の支払義務を認めるのが相当である」とした。

②　大阪高裁平成 6 年 4 月19日決定（家庭裁判月報47巻 3 号69頁）

【概要】　申立人・抗告人が相手方に対して事件本人らの養育費の支払いを求めた事案

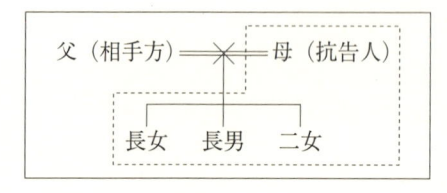

```
父（相手方）══╳══母（抗告人）
        │
   ┌────┼────┐
  長女  長男  二女
```

〔抗告人〕販売員のパートで 6 万～10万円と児童手当 4 万5000円の収入があるが、生活費（日々の生活費、家賃（ 5 万円）、子どもの習いごとの費用、生命保険の保険料、国民健康保険・国民年金の支払い、自動車税、自動車損保等）が足りないため、母方の祖父母から毎月10万円の援助を受けている。

〔相手方〕自己所有家屋で一人暮らし。勤務先を平成 5 年 4 月に退職し、 6 カ月を経過しても就職先が見つからないため失業保険15万円を受給し

ていると主張している。住宅ローンが800万円、離婚に伴う解決金の支払いのための借入金が130万円あり、これらの支払いが月額10万円以上必要であるが、これらはすべて父方の祖父母に依存して支払ってもらっていると主張している。

〔長女〕9歳
〔長男〕7歳
〔二女〕3歳

原審（和歌山家裁平成6年1月18日審判・家庭裁判月報47巻3号74頁）は、上記事情の下では、相手方に経済的な余力は認められないとして却下した。

【要旨】

原審差戻し。

「相手方が負債を抱えているとしても、親の未成熟子に対する扶養義務は、親に存する余力の範囲内で行えば足りるようないわゆる生活扶助義務ではなく、いわば一椀の飯も分かち合うという性質のものであり、親は子に対して自己と同程度の生活を常にさせるべきいわゆる生活保持義務なのである。したがって、基本的には、親である相手方が負債を抱えていたとしても、後記説示のとおり自らの生活が維持されており、債務の弁済すらなされている以上、未成熟子である各本件事件本人の扶養義務を免れる余地はないものというべきである。負債を抱えていることは、考慮すべき諸般の事情のうちの一つであるにすぎず、その返済のため経済的余裕がないからとして、直ちに未成熟子である各本件事件本人に対する具体的養育費の支払義務を否定する根拠とはならないのである。本件のように、仮に親の援助であるにもせよ（この点についての客観的証拠はない。）、結論として、自己の生活を維持し得ているばかりか、負債の返済を毎月相手方において行っており（一件記録によれば、これまでに、この返済を遅滞した形跡は認められない。また、相手方は、何かと親の援助を受けてこの支払い等をしている旨を原裁判所において供述しているが、この点についての客観証拠も一件記録上全くない。）、しかも、自己資産と

しての家屋を○○市内に有し、これに単身居住している（この家屋は、新築後間がなく、固定資産評価額も平成5年4月当時で624万9000円にのぼっている。以上の点は記録上明らかである。）場合はなおさらというべきである」。

「㈠　原審判は、相手方が降格させられる等で退職せざるを得なくなり、平成5年4月23日退職した旨認定しているが、その根拠となったのは、相手方自身の陳述のみであるとみられる一方、果たして相手方が降格させられたものかどうか、果たして退職が止むをえないものであったのかどうか、退職金等の収入はなかったか等についてみると、これを裏付けるべき客観的資料は一件記録を精査してもこれを見出すことができない。すべからく、原審は右の退職の原因及びその事情等の詳細につき、さらに審理をするべきである。

㈡　次に、前認定のとおり、相手方は、その後も続いて失業中であって月額15万円程度の失業保険を受給して職探しをしている状況である旨を述べている。しかし右失業保険受給の事実及びその給付額を明らかにする客観的資料はない。また右の供述は、相手方が失業したとする時期から半年以上も経過した後のものであり、相手方自ら多額の負債を抱えているというばかりでなく、未成熟子である各本件事件本人を養育する義務を免れないのであるから、いまだ僅々30歳を超えたばかりの若年である相手方が、右の間、全く無職・無収入の状況のままその日常を推移していたものかどうかは甚だ疑問であるとしなければならない。したがって、相手方がいわゆるアルバイト的仕事にさえも従事していなかったのかどうか、或いは、相手方がその就職先を探すため具体的にいかなる努力をしていたかどうかを、さらに、調査、審理すべきものである（新たな就職先を探す努力の程度は、前記退職がやむを得なかったものかどうかを判断するに当たっての重要な事情である。）。

㈢　原審は以上㈠、㈡の点を中心とした相手方の日常生活の実情及びその推移を、相手方の供述をそのまま採る以前に、調査、審理し、相手方の退職が抗告人主張のとおりであると推認される場合はもちろん、そうでない場合でも相手方の新たな就職先を探す努力の程度内容、状況如何によっては、相

手方の潜在的労働能力を前提にして、本件養育費を算定することの可否及び当否をも検討すべきである」。

「相手方は失業保険（雇用保険）を受給中というのであるが、失業保険の給付は、現実的には、失業者本人のみでなく、その家族等の生活の維持に対し一定の役割を果たしているのであって、このことは当裁判所に顕著である。したがって、原審は、相手方が受給したという保険給付金に関する詳細な事実関係を調査し、その結果を前提にして本件養育費を算定することの可否及び当否も検討すべきである」。

③　秋田家裁昭和48年10月22日審判（家庭裁判月報26巻7号32頁）

【概要】　申立人が相手方に対して事件本人の扶養料の支払いを求めた事案

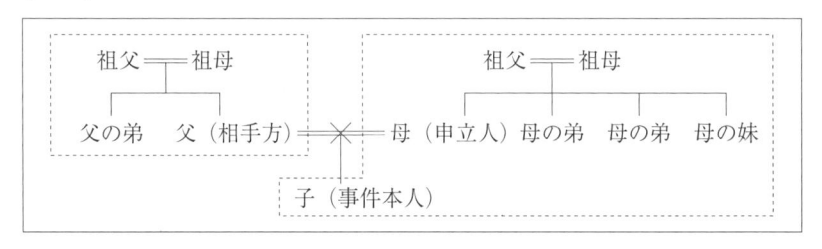

```
祖父━━祖母                    祖父━━祖母
父の弟  父（相手方）━×━母（申立人）母の弟  母の弟  母の妹
             子（事件本人）
```

〔申立人〕母方祖父宅で7人暮らし

〔事件本人〕1歳

〔相手方〕父方祖父宅で4人暮らし、月収手取6万5000円

〔母方祖父〕月収手取10万円

〔母の弟ら〕2人とも毎月2万円を家計に入れている。

〔父方祖父〕月収手取9万円

〔父の弟〕月収手取6万円

【要旨】

「およそ父母は、未成年の子について、自己と同じ程度の生活を営むに足る扶養をする義務を負うものであることは、親子という身分関係の特質上当然であつて、このことは、ひとり父母の婚姻継続中のみならず、父母が離婚した結果、その一方が親権者と定められ、これと子が生活を共にし、他の一

第4章　家庭裁判所の実務状況

方の親が親権を有しないこととなり、子との生活を共同にしないこととなつても、この理を異にするものではない。

　したがつて相手方は、申立人との協議離婚に伴う協議により、事件本人の親権者でなくなり、事件本人が申立人に引き取られるようになつた後においても、なお依然として事件本人に関し右にいう生活保持義務を本質とする扶養義務を負うものであることは明らかである」。

　「相手方は、申立人は相手方との離婚にあたり自分で働いて事件本人を育てる、と言つておきながら、今更養育料の請求は心外である、と述べているが、申立人が述べるとおり、養育料については、協議がまとまらないままに離婚したというのが真相であると思われるし、かりに相手方の述べるとおりであるとしても、さきに説明した理により事件本人が相手方の生活程度を下廻る生活を営んでいるかぎり、これを自己と同程度の生活を保持するための扶養義務を免れうるものではなく、そのための申立人の請求を拒むことは許されず、申立人とともに事件本人の監護教育の費用分担の責を免れえない。

　しかして右費用負担の割合は、事件本人に対する扶養の必要度、申立人および相手方の資力、その他一切の事情を考慮して決定さるべきである」。

　「そこで、事件本人の監護養育費の額およびそのうち相手方が負担すべき金額について検討する。

(イ)　事件本人の1ヶ月の生計費を生活保護法に基づく生活扶助基準額によつて算出すれば、

　　3級地たる秋田市における1歳〜2歳女の月額　4,900円

　これに『まあまあの生活をしていて標準生活ができる階層』の生計費の倍率3.7を乗じ

　　4,900円×3・7＝14,430円

　となる。

(ロ)　相手方の収入については、当庁調査官の調査報告書および別件親権者変更申立書の記載により、相手方が〇〇工業有限会社に勤務して得る1ヶ月

分の手取り額は65,000円を下らないことが認められる。
(ハ)　申立人は、相手方との離婚以来、事件本人を伴い両親と同居し、その生計は、実父の出捐に依存していることは、さきに親権者変更申立事件で認定したとおりである。

　　当庁調査官の調査報告書によれば、申立人は、目下のところ無収入であるが、近々中に同居の実弟○○の経営する自動車修理業を手伝つて収入の途を講ずることとなつていることが認められる。

　　したがつて、いま直ちに右手伝によつて得られる収入を確定することはできないが、少くともパートタイム労働賃金程度の額は得られるものと推認できる。

　　そこで下記昭和47年度産業別女子（26歳）労働者のパートタイム労働賃金を参考にすれば、申立人は近々中に月当り20,000円を下らない収入を得られるものと推計できないことではない。

162円(1時間当り)×6(1日の労働時間)×21(月平均稼働(日))＝20,412円
(二)　前記(イ)の事件本人の生活費を(ロ)相手方の収入と(ハ)申立人の前記推計収入とで按分すれば

14,430円×65,000÷(65,000＋20,000)＝11,034円となる。

以上の如く、事件本人の最低生活費は月額金14,430円で、そのうち事件本人の監護養育費として相手方の負担すべき分は（未だ現実化していない申立人の収入を推計してのことではあるが）金11,034円であるが、相手方にはこれを下廻る本件申立の月額金10,000円を支出する能力は十分にあるものと認められる」。

第4章　家庭裁判所の実務状況

Ⅲ　「養育費・婚姻費用の算定方式と算定表」

1　「養育費・婚姻費用の算定方式と算定表」の提案と実務への定着

　2003年（平成15年）4月、東京・大阪養育費等研究会（**注4**）により「養育費・婚姻費用の算定方式と算定表」（以下、「算定表」という）が発表された（判例タイムズ1111号（2003年）285頁〜293頁）。

　算定表が発表されるまで、家庭裁判所における養育費の算定は、個々のケースごとに以下の手順により行われていた。

①　義務者・権利者の基礎収入の算定
②　義務者・権利者および子それぞれの最低生活費の認定
③　義務者・権利者の分担能力の有無の認定
④　子にあてられるべき生活費の認定
⑤　義務者が分担すべき養育費の算出

　上記手順について、①の「基礎収入」は、義務者および権利者の総収入から公租公課、「職業費」（給与所得者として就労するために必要な出費。被服費、交通費、交際費等）および「特別経費」（家計費の中でも弾力性、伸縮性に乏しく、自己の意思で変更することが容易でなく、生活様式を相当変更させなければその額を変えることができないもの。住居費、医療費等）を控除した金額であるが、このうち、「職業費」以外はすべて実額で認定することとされていた。また、③については、義務者の収入が、義務者の最低生活費を下回っている場合には、義務者に養育費の分担能力がないものとされ、養育費分担義務はないとされる場合もあった。

　しかし、このような運用については、実額認定等の作業が極めて煩雑であ

（注4）　東京・大阪の裁判官を研究員、家庭裁判所調査官をオブザーバーとした研究会。

Ⅲ 「養育費・婚姻費用の算定方式と算定表」

り、審理に相当の時間がかかること、当事者にとって、あらかじめどの程度の養育費になるのか予測できないことといった問題点が指摘されていた。そこで、上記研究会の研究により「簡易迅速」で「予測可能」な算定方式として発表されたのが、この「算定表」である。

　その後、算定表は、実務で活用され、算定表を用いた審判がなされるなど、現在では実務において広く定着している。

　この「算定表」については、煩雑な養育費の算定について、一般的な基準を与え、子の養育のために必要な経済的援助が早期に実現しうるとして高く評価する意見がある一方、「算定表」により算定される養育費が低額になりすぎるといった批判もなされており、日本弁護士連合会も、子どもの成長発達を保障する視点を盛り込んだ新たな算定方式の研究・公表を行うべきであるという趣旨の意見（以下、「日弁連意見書」という）を公表している（『「養育費・婚姻費用の簡易算定方式・簡易算定表』に対する意見書」（2012年3月15日））。

2　「算定表」における養育費分担義務の取扱い

　上記研究会は、「算定表」における義務者の養育費分担義務について「従前、家庭裁判所においては、義務者の基礎集収入が最低生活費を下回る場合には、義務者は免責されていた例が少なくなかった……。しかし、生活保持義務の考え方からすれば『少ないパンでもわが子と分かち合うべき』であり、義務者の免責と生活保持義務の考え方とは矛盾を孕んでいたといえよう。また、義務者の免責を認めることにすると、最低生活費の算出が必要となるなど計算過程が複雑化することも避けられない。そこで、当研究会では、義務者の総収入が少ない場合でも養育費分担義務（必然的に金額は少ないが）を免れないものとした」として、義務者の基礎収入が最低生活費を下回る場合には養育費分担義務を負わせないように配慮していた従前の家庭裁判所実務とは異なる取扱いをしている。

　しかし、先にみたとおり、生活保持義務の内容については「義務者が文化

第4章　家庭裁判所の実務状況

的最低限度の生活水準を維持できて、かつ経済的に余力のある限りで、権利者に義務者の生活同程度に近い相当の扶養を得させる義務である」とするのが現在の学説上の通説あるいは定説であり（第2章Ⅲ3(3)参照）、義務者の基礎収入が最低生活費を下回る場合に義務者を免責することは、生活保持の考え方と何ら矛盾するものではなく、むしろ、現在の生活保持義務の考え方に忠実な処理であるといえる。

　また、計算過程が複雑化するとの説明についても、前記研究会が参考にしているドイツのデュッセルドルフ表においては、後述するように、義務者の生活に必要な額（自己保有分）を確保することが前提とされており、また、イギリスにおいても養育費算定に際して、扶養義務者の最低生活費は控除されているのであるから、算定表作成のために義務者の最低生活費を考慮しないことを正当化する理由とはなり得ない（第5章Ⅲ・Ⅳ参照）。

　そもそも、生活保護法は、養育費・婚姻費用の支出を考慮するといった制度を有していないため、「算定表」に従い養育費・婚姻費用を分担すれば、義務者は生活保護を受けたとしても、最低生活費以下の生活を強いられることになる。すなわち、生活保護実務上、養育費収入についても収入認定されてその分保護費が減額される取扱いが一般的であることからすれば、義務者は養育費の支払いによって最低生活費を下回る生活を余儀なくされる一方、権利者世帯の手取り収入は一切増えず、単に実施機関の保護費負担が養育費分減るだけという、子どもの福祉のためという養育費本来の機能と異なる不合理な結果（つまり、子の福祉名目で義務者世帯に最低生活費を下回る生活を強いる一方、権利者世帯の子どもの足しには何らならず、結局実施機関が負担軽減されるだけとなる。実施機関の最低生活保障義務にも悖る）を招くだけである。

　そして、このような結果は、「健康で文化的な最低限度の生活」を保障した憲法25条1項に抵触するものと言わざるを得ない。

　したがって、養育費分担に関する家庭裁判所実務においては、義務者の収入が最低生活費を下回る場合には養育費分担義務を課さない運用を徹底すべ

Ⅲ 「養育費・婚姻費用の算定方式と算定表」

きであり、現在利用されている算定表は、義務者の最低生活費を確保することを前提としたものになるよう改善されるべきである。

第5章　諸外国の状況

Ⅰ　スウェーデン

1　扶養義務

(1)　概　要
　スウェーデンでは、扶養義務は、夫婦相互間の扶養義務と独立前の子に対する親の扶養義務しかなく、この他の親族との間で扶養義務はない。

(2)　夫婦間の扶養義務
　夫婦間の扶養義務については、婚姻法が定めを置いており、その6章1条は、「夫婦はそれぞれその資力に応じて、夫婦およびそれぞれの生活にとって必要な費用を負担しなければならない」としている**(注1)**。
　ここでいう夫婦とは、法律婚の配偶者間のこという。内縁の配偶者は、法律上の扶養義務を相互に負わない。

(3)　独立前の子に対する親の扶養義務
(A)　親の子に対する原則的な扶養義務
　婚姻法6章1条は、「子の扶養については親子法に定める規定による」と定めており、その親子法7章1条では、次のように定められている。

> 親は子の必要性と父母の総合的な資力からみて相当とみなされる範囲において、子を扶養しなければならない。親の扶養義務を定める場合、子本人の収入、資産および子が支給を受けることのできる各種公的年金を考慮しなければならない。

（注1）　本項の条文の訳は、菱木昭八朗専修大学名誉教授のホームページ「菱木スウェーデン法研究所」〈http://www.senshu-u.ac.jp/School/horitu/researchcluster/hishiki/〉によった。

I スウェーデン

> 子が18歳に達したとき、未だ就学中の場合、または19歳に達する前に復学したとき、親は、その子が21歳に達するまで扶養の義務を負う。ここに学校とは、基礎学校または高等学校もしくはそれに類する教育機関のことをいう。

このように、親は、18歳未満の子ども、通学しているときには21歳までの子どもに対して扶養義務を負っている。しかし、これ以外の子どもに対しては扶養義務を負っていない。

(B) **親の子に対する扶養義務の限界**

しかも、親に十分な収入がない場合、その親には子に対する扶養義務は生じない。親子法7章3条は、次の定めを置いている。

> 第2条の規定によって養育費が決定される場合、扶養義務者は、第2項乃至第4項の規定により、自己または家族の日常生活を維持してゆくために必要な金額を留保しておくことができる。
> 扶養義務者自身の生計費のための留保額には、扶養義務者が日常生活を維持してゆくために必要なすべての生活費が含まれるものとする。住居費は相当とみなされる範囲において計算される。住居費以外の生計費については、基準額をもって計算される。（以下、略）

このように、親の子に対する扶養義務は、親自身が自らの日常生活に必要な金額を確保したうえで、はじめて生じるものである。

(4) **小 括**

以上のとおり、スウェーデンでは、扶養義務が認められる親族の範囲が日本と比べると狭い。裏を返すと、日本では扶養義務の範囲が広範になっている。

2 生活保護

(1) **生活保護における扶養義務の位置づけ**

スウェーデンでは、社会サービス法4章において、生計援助——日本でい

う生活保護——が規定されている。

　すなわち、同法4章1条1項では、「自らの生計を維持できない、または他の手段によってもニーズを充足することができない者は、社会委員会から生活扶助を受給する権利がある」と定められている。

　そして、婚姻法・親子法で定められた扶養義務は、「他の手段」に位置づけられ、生計援助の受給にあたって、以下のとおり、その内容が考慮される。

(2) 扶養義務がある場合の扱い

　具体的には、受給申請者の所得・資産の調査に際し、原則として、本人だけでなく、配偶者の所得・資産を考慮する。例外的に考慮されない場合とは、配偶者による扶養義務の懈怠やドメスティック・バイオレンスがある場合である。

(3) 扶養義務がない場合の扱い

　他方、扶養義務のない兄弟姉妹間や成人した子と親の間では、扶養義務の追及はなされない。もっとも、扶養義務がない場合でも、次の場合には扱いが異なる。

(A) 内縁の配偶者

　内縁の配偶者間には扶養義務はない。しかし、生計援助の受給にあたっては、内縁の配偶者の所得・資産も考慮される。婚姻の形態の選択によって社会的給付における損得が生じてはならないとの考えからである（判例・行政解釈）。

(B) 同居する成人した子

　成人した子に対し、親の扶養義務はない。

　しかし、行政最高裁判所1994年10月17日判決（RÅ1994rel61）は、親と同居する成人した子の生計援助受給権の審査に際して親の経済状況を考慮することを認めた。

　また、行政最高裁判所1997年12月11日（RÅ1997rel79）は、親と同居する成人した子が一人暮らしをするための費用は、その一人暮らしが正当な生活

水準を達成するために必要であると認められない限り、生計援助の支給対象とはならないとした。

(4) 小 括

以上のとおり、扶養義務がある場合には、生計援助の受給にあたり、所得ないし資産として考慮されることとなる。扶養義務がない場合でも、同居のうえ現実に経済的な援助を受けている場合には、生計援助の審査の際、その経済状況が考慮される。

3 扶養義務と生活保護

(1) 一般的な扶養義務

以上のとおり、スウェーデンにおいては、扶養義務の範囲が日本に比べて狭い。そのため、扶養義務が問題となる場合は限定的である。生活保護受給者の扶養義務者に対して、保護費の償還を求める場合は、通常あり得ない。18歳以上の青少年が失業している場合は、独立した家計として考え、社会扶助受給申請においては、その他の家族の収入等については勘案しないし、子どもは親に対する扶養義務がないからである。

そもそも、社会サービス法4章10条は、「社会委員会は、援助やケアの代行を引き受けることによって、長期療養患者、高齢者、機能障害者（**注2**）等の当事者のケアに携わる近親者や『当事者の信頼できる友人』の負担を軽

〈図7〉 スウェーデンにおける扶養義務の範囲

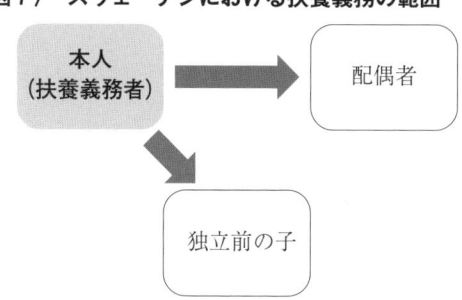

- スウェーデンにおいては、扶養義務の範囲が日本に比べて狭い。
- 生活保護受給者の扶養義務者に対して、保護費の償還を求めることは、通常あり得ない。

本人（扶養義務者）→ 配偶者
本人（扶養義務者）→ 独立前の子

減しなければならない」と定め、生活保護等の受給がその近親者に対する負担を軽減させることを求めており、同法は、扶養義務の範囲を拡大させることに否定的な立場をとっているといえよう。

(2) 子に対する扶養義務（養育費）

ただし、養育費については次の場合がありうる。すなわち、養育費の支払いをしなかった場合、スウェーデン社会保険庁が養育費を支払うこととなるが、親に資力がある場合には、親に償還請求をする場合である。

Ⅱ フランス

1 民法（フランス家族法）上の扶養義務

(1) 明文規定のある扶養義務

民法（フランス家族法）において扶養義務が定められているのは、次のとおりである。

① 親の子に対する養育義務（同法203条・371-2条）
② 子のその父母および尊属に対する扶養義務（同法205条）
③ 婿・嫁と義父母の間に成立する扶養義務（同法206条）
④ 夫婦間の扶養義務（同法212条）
⑤ 「同性または異性の成人2名による、共同生活を結ぶために締結される契約」に基づく扶養義務（民事連帯契約、いわゆる「パックス」。同法515-1条）

パックス制度とは、同性・異性を問わず共同生活を営むカップルを対象とし、法的婚姻関係に準ずる権利・義務関係を認め公証する制度である。法的

（注2） 引用者注。（身体的ないし精神的な理由による）障がい者のこと。社会サービス法では、社会サービスを受ける者のうち、特に注意すべき対象者として、①子どもおよび青少年、②高齢者、③機能障害者、④薬物依存者、⑤ケアに携わる近親者、⑥犯罪被害者について、特に注意規定を設けている。

婚姻関係よりも解消が容易であり、法的な貞操義務を負わないなど、法的婚姻関係とは明確に異なる。具体的な権利・義務関係は当事者間で定めることができる。

もっとも、共同住居にかかる費用や日常の生活費に関しては連帯して責任を負うなど、相互の扶養義務は法的婚姻関係の場合と同様に、法的義務である。この扶養義務については、法改正により相手方の父母に対しても負うこととなった。

当初、この制度を利用するカップルは同性間が多かったが、近年は異性間のほうが多くなっているだけでなく、また、この制度を利用するカップルは、必ずしも恋愛関係に基づくカップルに限らない。

所得税法や社会法上、民事連帯契約の当事者は結婚しているカップルと同様の扱いとされており、扶養義務も同様と考えられる。

(2) 性質等

まず、「扶養料は、それを要求する者の必要およびそれを負う者の資産に従ってのみ認められる」(フランス家族法208条)とされ、扶養権利者の必要性の他、扶養義務者の有する資産が考慮されている。また、扶養権利者に何らかの帰責性がある場合、扶養料は免除または減額され得る。

そして、こうした扶養義務は、権利者と義務者が入れ替わる場合も想定される相互的なものとされるが、親の子に対する扶養義務はそれとは異なる一方的義務、すなわちより強化された義務とされている。確かに、子の父母に対する扶養義務も存在する(同法205条)が、親の子に対する扶養義務には、教育に関するものもあり、この点については25歳程度まで認められるなど、子の父母に対する扶養義務には含まれないものも存するからである。

なお、兄弟姉妹間には扶養義務の定めはない。

さらに、扶養義務者間の順位や求償関係についても明文はなく、判例では父母間の求償を認めるが、その他求償関係は固まっていない。

2　フランスの社会保障制度

フランスの社会保障制度は複雑であり、文字どおり、網目のように張りめぐらされている。労働政策や社会保護政策、住宅や都市政策などのすべての政策を貫く社会福祉システムは、それぞれ、障がい者、移民、生活困窮者等を対象としている。

こうした福祉を担う主体も、伝統的な共同体の他、アソシアシオン（非営利市民団体）、共済組織、協同組合など、行政以外によるものも多い。

3　フランスの「生活保護制度」

(1)　活動的連帯手当（RSA）

日本の生活保護制度における生活扶助に近い制度として、かつては無拠出の給付制度である最低所得保障制度があった。具体的には、失業保険の切れた失業者、難民等、60歳未満の失業者で老齢保険の保険料を一定期間拠出している者、高齢者、事故等で労働能力を失った障がい者、一定以上の障がいを有する者、配偶者を亡くした者、寡婦（夫）、単親を対象とし、それぞれ根拠となる法典等が異なっていた。

1980年代、年齢や健康等に問題がないにもかかわらず、労働市場から長期的に排除され貧困に陥る層が出現したため、1988年、社会参入最低所得手当（RMI）が創設された。

しかし、RMIは、毎年、デクレ（政令）で定められる最低所得との差額を支給するものであるほか、住民税免除などがRMI受給者であるという身分に結びついた権利であったため、就労意欲を阻害し、RMI受給終了に伴う住民税免除などの権利喪失などから受給状態からの脱却が困難である点が問題として指摘された。

そこで、2008年、「労働による貧困からの脱出」を理念とする活動的連帯手当（RSA）が創設され、RMIはこれに代替されることとなった。

(2) RSA の具体的な内容
(A) 受給要件
RSA の受給要件は、次のとおりである。
① 25歳以上であること、または、扶養すべき子を有しもしくは出産予定であること。もっとも、18歳以上25歳未満の者でも、一定期間就労していれば受給権者となる。
② また、フランス国籍を有すること、または、就労のための滞在許可証を5年以上所持していること（ただし、この条件は難民等には適用されない）。
③ 学生でないこと、かつ、企業での職業研修中でないこと。
④ 育児休暇中、サバティカル休暇（36カ月の勤務等の一定条件の下、最短6カ月、最長11カ月間、無給で認められる休暇）中、または休職中でないこと。

(B) 権利および義務
世帯を単位とし、受給者の世帯構成や扶養する子の人数、勤労所得等から算出される法定の最低保障所得から世帯収入を控除した額を受給する。

受給にあたっては、配偶者のみならず、内縁関係、民事連帯契約を結んだ相手方の所得も考慮される。

また、RSA 創設の目的に掲げられた社会的および職業的付添支援を受ける権利が付与されると同時に、職業訓練等に参加することなどの義務が課せられる。

さらに、RMI と異なり、住民税免除や医療保障制度適用等の付帯的権利は、RSA 受給者であるというだけで認められるのではなく、受給者の所得の多寡に応じて調整される。すなわち、RSA 制度は、一貫して所得額を基準として給付額や付帯的権利付与の適否等を決定するものである。

4 活動的連帯手当と扶養義務

(1) RSA の規定

　RSA は最後のセーフティネットであるとされ、利用できる他の社会給付をすべて申請していることが要件となり、配偶者や子に関する扶養費の請求や離婚に伴う相手方からの補償手当の請求などもすべて行わなければならないとされた（活動的連帯所得手当の一般化及び社会参入政策の改革に関する2008年12月1日の法律第2008-1249号（Loi n° 2008-1249 du 1er décembre 2008 généralisant le revenu de solidarité active et réformant les politiques d'insertion）、262-10条）。

　当該規定で求めている請求は、民法が定める扶養義務のうち、未成年の子どもが親に対して求める扶養義務および夫婦が相手方に対して求める扶養義務のみを対象とし、父母が子に対して、または義父母が娘・息子の配偶者に対して求める扶養義務の履行請求は含まれていない。

　つまり、RSA 請求の前提となる扶養義務者に対する請求要件は、夫婦間（パックスを含む）・親子間（未成年の子どもの親に対する請求のみ）に限定され

〈図8〉　フランスにおける扶養義務の範囲

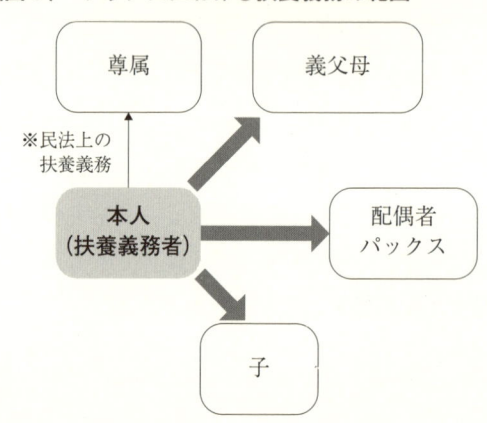

・民法（家族法）上の扶養義務は多様だが、兄弟姉妹間に扶養義務はない。
・生活保護法（RSA）上、問題となる扶養義務は夫婦と未成年の子に対する親の義務のみである。

ている。

　この扶養義務者の存否、その履行請求の有無等については、RSA申請書に記入欄があり、RSA申請の受理機関はこの扶養義務の履行請求について必要な手続を行う申請者を援助するとの規定がある（同法262-11条）。

　他方で、虚偽申告等による不正受給の場合等において、受給者本人からの回収規定は存する（同法262-45条以下）が、日本の生活保護法77条のような被保護者の扶養義務者に対する費用徴収、すなわち扶養義務者に対する求償について規定する明文は存在しない。

(2) 具体的な運用状況

　以上のように、RSA制度の利用については、明文上は扶養義務者に対する履行請求が要件とされているが、実際には扶養義務が問題にされないと紹介されることも多い。

　実際、最も厳格な運用方針をとっても、扶養義務が果たされるように必要な行為を行わないRSA利用者について支給額が月額1万円程度減額されるだけのようであり、日本と比べてかなり緩やかであることは間違いない。

　たとえば、厚生労働省の「我が国の生活保護制度の諸問題にかかる主要各国の公的扶助制度の比較に関する調査報告書」（2004年3月）によると、「参入最低所得は所得の過小または欠如が要件なので、資産調査は事実上ないうえに、収入については本人の申告によるなど、運用は極めて柔軟である」（34頁）とされている。

　すなわち、RSA受給に該当する者であるか否か（日本の場合は生活保護を受給できるかどうか）の判断については、申請者の申告内容（扶養義務者に対する請求の有無も含まれる）のみで判断され、その判断に際して、申告内容に関する当該申請者の資産調査は事実上行われていないということになる。

　ここから読み取れるのは、RSAを申請する者の資産調査が事実上行われない以上、その者に対して扶養義務を負っている親ないし配偶者についても資産調査が行われていないであろうということである。

第5章 諸外国の状況

上述のように、フランス民法は扶養義務の有無およびその金額の決定には扶養義務者の資産を考慮するとされており (208条)、扶養義務者へ求償を行うためには、当該義務者の資産調査が前提となる。しかし、現実には、資産調査は行われていないというのであるから、RSA実施主体においては、RSA受給者に対して扶養義務を負っている者に対して、その資産を調査のうえ、求償相当額を決定して求償を行う運用は全くなされていないということになる。

Ⅲ ドイツ

1 私法上の扶養義務

(1) 民法上の扶養義務

ドイツ民法（以下、「BGB」という）は、「血族扶養に関する規定と、子の扶養に関する特別規定」(1601条以下)、「未婚の子の母の扶養に関する規定」(1615条a)、「夫婦間の扶養規定」(1360条)、「離婚後の配偶者に関する扶養規定」(1569条) を規定する。

以下では、「血族扶養に関する規定と、子の扶養に関する特別規定」の内容を紹介する。

(2) 血族扶養（一般）と子に対する扶養

「血族扶養に関する規定と、子の扶養に関する特別規定」(BGB1601条以下) は、①血族扶養に関する規定（一般）、②子の扶養に関する特別規定（特別）に分けられる。

(A) 血族扶養（一般）

ドイツにおいても、民法上、直系血族間の扶養義務の規定があり (BGB1601条)、親等の近い親族は、その所得状況や財産状況に従い分担して責任を負うものとされる (BGB1603条3項)。

まず、扶養請求権の要件は「一方の要扶養状態」(BGB1602条) と、扶養

82

義務者の「給付能力」である。扶養義務者の給付能力については、扶養義務者が、自身の扶養を危険にすることなく扶養を与えることができなくては、扶養義務を負わない（BGB1603条１項）。すなわち、扶養義務者自身の生活に配慮した規定ぶりとなっている。この自身に対する扶養を「自己保有分」という。

では、この自己保有分についてどのように判断されるのか。以下、日本で議論されている、「生活保持義務」または「生活扶助義務」に近似するものか否かを念頭におきながら、ドイツの裁判例を紹介する。

1992年の連邦通常裁判所判決（BGH1992年２月26日判決）において、父母の扶養に対して考慮される扶養義務者である子の自己保有分は、成年で教育扶助を受けている子の扶養に対して考慮される親の自己保有分よりも大きい自己保有分が認められた。すなわち、親に対する子の扶養義務は、成人の子に対する親の扶養義務より小さいことが示された。

具体的には、「成年子に対する父母の扶養請求」が問題となる場合（いわゆる老親扶養の問題）、扶養義務者の処分可能な収入に対し、扶養義務者が一般的に当然と考えられる生活を送れる限度での支出が保障されなくてはならない。ここには、扶養義務者自身の住居の購入のための準備金、自身の老後の介護費用の貯蓄や緊急時の準備金などの必要経費だけでなく、家族旅行のような支出も含まれる。

そして、親に対する子の扶養は、子の世代が社会保険料を負担していることを根拠として、前者（成人の子に対する親の扶養義務）よりも「大きい自己保有分」を超える額を子が留保してもおかしくないと判示した。

また、同種事案について、2002年ドイツ最高裁判所は、父母に対し扶養義務を負う子の「自己保有分」は「収入、資産とその社会的地位に相当する生活レベルに従い決定され、扶養義務者の相当な老後の準備を含めた生活需要も考慮される」と判示した。これにより、扶養義務者はその職業や収入にあった生活レベルを崩す必要がないことが明らかになった。

以上より、ドイツにおける給付義務が発生する要件である「給付能力」の下限は、高水準のものと考えられる。

(B)　子に対する父母の扶養義務

　未婚の未成年子は、財産を有している場合であっても、財産収入や稼働収入が自身の需要を満たすのに十分でない場合に、父母に扶養を請求することができる（BGB1602条2項）。

　父母は、自身のあらゆる財産を投じて、自己と等しく子を扶養する義務を負う（BGB1603条2項）。

　具体的には、子の年齢、義務者の所得に応じた扶養料を表にし、義務者の生活に必要な額（自己保有分）を一律に示し、この基準に従い給付額を算定する。

　代表的な2002年1月1日のデュッセルフドルフ表では、幼少の子から21歳未満の教育中の未婚の成年子による扶養請求に対し、子が有職の場合、父母の自己保有分は840ユーロ、そうでないときは730ユーロ、その他の未婚成年子の扶養請求に対し、父母の自己保有分は1000ユーロとされる。

　したがって、子に対する父母の扶養義務は、一律化され、かつ、血族扶養に関する一般法よりも水準は高い。また、本邦の養育費算定表と異なり、扶養義務者の自己保有分にも配慮がなされている。自己保有分について、「730ユーロ」（約10万円（1ユーロ＝137円））とすれば、日本での生活保護水準程度の自己保有分は認められるものと考えられる。

2　公法上の扶助——社会法典第12編

(1)　社会扶助受給権の発生要件

　ドイツの社会扶助請求権は、社会法典（SGB）第12編19条1項1文に定められている(注3)。

（注3）　本項の条文の訳は、冷水登紀代「ドイツにおける扶養の限界と判断基準——社会扶助制度との関連の中で——㈠」帝塚山法学11号（2006年）67頁以下によった。

> 生活扶助は……自己の生活必要費を、自己の能力及び資力、なかんずく自己の所得及び資産によって調達することができないか、又は十分に調達できない者に対して行わなければならない。

法律上の要件は、「要扶養状態」のみであり、「扶養義務者の給付能力の欠如」は、要件ではない。

(2) **社会扶助の補足性**

法律上は、扶養義務者への扶養請求権が、社会扶助請求権に優先する（SGB 第12編2条1項）。

> 社会扶助は、……自らを支えることができる者、又は他の者、特に家族構成員若しくは他の社会給付を行う者から必要な給付を受けることができる者には、与えられない。

しかし、要扶養状態に陥った者は、扶養を請求する前に、社会扶助を受けることも可能である。

なぜなら、社会扶助は、要扶養者の給付の要件の存在が明らかになれば給付を開始するからである（SGB 第12編17条・18条）。

(3) **扶養請求権の移転**

この場合、社会扶助請求者の扶養請求権は、給付された額の限度で、社会扶助主体に、法律上当然に移転する（SGB 第12編94条）。社会扶助主体がこの請求権を行使するには民事手続が必要である。

しかし、扶養請求権の移転には、以下の例外がある。

① 2親等以遠の親族、遠隔地にいる1親等親族について、請求権は移転しない（SGB 第12編94条1項）（抜粋）。

> 請求権の移転は、扶養義務者が19条の人的範囲に属する場合、又は扶養義務者が給付権利者の2親等以遠の親族であるか若しくは遠隔地にいる1親等の親族である場合もこの限りではない。

② 子および父母に対する扶養請求権は、それらの者の総収入が10万ユーロ（約1370万円）未満の場合には、考慮されない（SGB第12編第4章43条3項）（抜粋）。

> 給付権利者のその子及び父母に対する扶養請求権は、第4編第16条のそれらの者の総収入が10万ユーロ未満の場合には、考慮されない。

③ 請求権の移転が不当な過酷を意味する場合、扶養請求権は移転しない（SGB12編94条3項1文2号）（抜粋）。

> 請求権の移転が著しい過酷を意味するであろう場合（移転しない）。

これは、ドイツ法でよく見られる「過酷条項」という条文であり、一切合切の例外を特別に認める規定である。ここでは、扶養請求権をあくまで行使させると、家族関係が永遠に壊れてしまうような場合が妥当する。

したがって、社会扶助主体が、扶養請求権を行使する機会は、義務者たる直系血族が1親等内、かつ、一定の収入を保持する場合等に限られる。

(4) 子の扶養に関する特別規定と教育扶助制度との関係

18歳で成年に達した子であれば、単独で、助成実施機関より、教育扶助ま

〈図9〉 ドイツにおける扶養義務の範囲

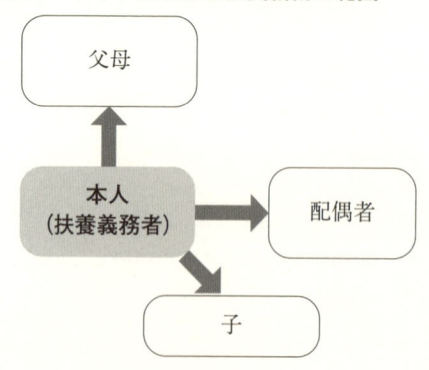

- 扶養を請求する前に、社会保障給付を受給すれば、扶養請求権が、社会扶助主体に移転する（代位行使）。
- ただし、扶養請求権の（代位）行使は、1親等内の直系血族、かつ、一定の収入（約1370万円）を保持する場合等に限られる。

たは仮払給付を受けることができる（教育扶助制度、奨学制度）。この場合、子の父母に対する扶養請求権が助成実施期間に移転し、父母に給付能力が認められれば求償を受ける。

3 考　察

上に見たように、ドイツ法において、親族の扶養義務は、社会扶助に対し優先する関係にある。しかし、親族扶養が社会扶助の要件ではないため、社会扶助請求者が、社会扶助を受給した場合に、扶養請求権が社会扶助実施主体に移転するという法形式を採用する。この場合、社会扶助実施主体による扶養請求権の行使に関し、①２親等以遠の親族、遠隔地にいる１親等親族について、請求権は移転せず、また②子および父母に対する扶養請求権は、それらの者の総収入が10万ユーロ（約1370万円）未満の場合には、行われない。さらに、③過酷条項による幅広い例外を許容する。

以上より、ドイツにおける社会扶助実施主体における扶養請求権の行使は、１親等以内の親族でかつ、当該親族の総収入が10万ユーロを超える場合に限定されることから、事実上の扶養義務の範囲は極めて狭く、かつ、扶養義務者の自己保有分に配慮されたものとなっている。

Ⅳ　イギリス

1　私法上の扶養義務

(1)　扶養義務の範囲

夫婦間および親の未成熟子に対する扶養義務のみが存在するが、以下においては、親の未成熟子に対する扶養義務について説明する。

(2)　親の未成熟子に対する扶養義務――養育費制度の歴史

(A)　義務者に寛容な時代

イギリスは、私的な家族の問題に対する公的介入には消極的な国といわれ

第 5 章　諸外国の状況

ており、養育費問題に関しても、従来、行政が直接介入することがなかった。他方、1960年代後半以降のひとり親世代の増大と子どもの貧困への関心を背景に、1967年、「ひとり親家族に関する委員会」が設置され1974年に報告書が公表された（「ファイナーレポート」）。これにより、ひとり親のニーズが明らかになり、母子世帯に対する政策として、現金給付による支援が確立し、その中心となったのが所得補助であった。しかし、ファイナーレポート以後、離婚・未婚出産の増加とともに所得補助を受給する母子世帯が急増し、その給付費の増大が政府の財政を圧迫するようになった。

こうした状況の中、1980年代終わりに、母子世帯の福祉依存と父親の養育費不払いへの批判が起こり、政府は養育費政策を転換した。

(B)　1991年養育費法（Child Support Act 1991）

1991年養育費法は、1993年から実施された。この法律に基づいて、義務者の追跡、養育費の査定、徴収、支払強制がされるようになった。運営機関として、同年、養育費庁（CSA：Child Support Agency）が設置され、養育費問題は主として司法システムから行政システムで扱われることになった。

対象となるのは、両親と同居していない16歳未満の子の養育者、あるいは子どもと離れて暮らしている義務者である。養育者が所得補助（日本の生活保護に相当）を受給している場合には申請が義務付けられており、家族クレジットや障害者就労手当の受給者も強制適用される。ただし、正当な理由があれば申請は免除される。正当な理由なく申請を拒否した場合は、一定期間後、給付上の制裁がある。

支払金額は、公式で算定し、裁量はない。子の必要養育費の算出にあたっては、子と養育者の個人手当額を加算して計算し、事実上、子どもと養育者の両方の扶養料となっていた。他方、査定対象所得の算出においては、義務者の純所得から必要生活費として所得補助の個人手当分が控除され、義務者の第2家族が最低生活を維持するために必要とする最低生活費を所得補助の手当額から算出して控除するなど、義務者および義務者の第2家族（離別後

Ⅳ　イギリス

に形成した新しい家族）の最低生活費は控除されていた。

　こうして算定された養育費は、確実な支払いが認められる場合を除いて、養育費庁を介して支払われる。支払いがない場合、養育費庁が利息の請求、給与天引命令をなすことができる。裁判所に申し立てて財産差押え等の命令を得ることもできる。投獄も認められている。

(C)　問題の発生

　運用上の問題として、ケース処理の誤りや遅れが生じ、また、厳しい追及により複数の父親が自殺するという問題や、支払請求が父親たちの間に公平に行われていない等の問題が生じた。その結果、反対キャンペーンが巻き起こり、養育費庁の初代長官は辞任した（オーストラリアでは同様の制度で成功しているということであり、イギリスの失敗の原因としては、不払いの父親がどのような状況にあるのかという分析を制度導入前に十分に行っていなかった点などが指摘されているようである）。

　また、制度上の問題としては、公式が複雑であり、1人の親が離別した家族（第1家族）優先の原則の問題（離別後に形成した新しい家族である第2家族は所得補助と同水準の最低生活しか保障されない）、面会交流に要している費用が考慮されていない、上限額が設定されていない等の問題があること、所得控除があるので、結果として、貧困母子世帯の子の福祉につながらないこと、裁判所の裁定や合意が効力を失い、養育費庁の査定にとって代わるといった問題が指摘された。

(D)　養育費算定方式の簡略化等の改革

　1991年養育費法は、1995年法で公式改定等がなされ、さらに、2000年法（2003年から実施）においては、①公式の簡素化がなされ、養育費を父親の所得の一定割合とする方式（たとえば、子ども1人の場合は15％、2人の場合は20％とし、父親の所得に応じて減額レート・定額レート・免責レートが設定されている）への変更、②第一家族優先の原則の放棄、③父親のもとに子どもが宿泊する年間日数が52日以上の場合の養育費の減額、④所得補助を受けてい

第5章　諸外国の状況

る母親の場合、週10ポンドまで控除（養育費プレミアム Child Maintenance Premiun)、④所得補助等の福祉給付の申請により自動的に養育費庁への申請がされるしくみへの変更（正当な理由があれば申請は免除、正当な理由なく申請を取り下げると制裁あり）、⑤不払いに対する制裁措置（自動車運転免許の停止）が定められた。

(E) 問題の発生とヘンショウ・レポート

1991年養育費法下における養育費制度と1995年・2000年に改正された養育費法下における養育費制度の新旧両制度の併存により、運用は複雑化し、失敗と評価された。そのため、政府は、改革案の検討をヘンショウ卿に委託し、2006年7月、報告書が提出された（いわゆる「ヘンショウ・レポート」）。

ヘンショウ・レポートでは、制度利用を望まないケースの金銭授受にまで公的資金を投入する必要はなく、政府の義務は親が責任を果たすための制度を提供することであると指摘され、養育費の新しいシステムとして「私的ルート」「司法ルート」「行政ルート」から当事者が選択できる方法が提案された。

(F) 2006年の抜本改革案

政府はヘンショウ・レポートを受けて、2006年白書で養育費制度の抜本改革案を示した。この改革案では子どもの貧困に焦点があてられ、両親の合意による取り決めを支援するサービスの開始、現行の養育費制度の廃止と新しい強力な養育費制度の創設が提案された。

この改革案に基づき、2008年7月に非政府の公的機関として「養育費強制委員会」(Child Maintenance and Enforcement Commission：C-MEC) が設立されて、当事者の合意による取り決めや支払いに関する情報サービスが開始され、同年10月からは、福祉受給ケースに対する養育費制度の強制適用が廃止され、2010年4月からは支払われた養育費の福祉給付との相殺が廃止された。

(G) その後

政府は、2011年1月にさらなる改革案を示した。この改革案では家族責任

が強調され、両親による取り決めを支援するサービスと新しい養育費制度という制度設計になっていた。

新しい養育費制度では、①養育費制度を利用する前に「ゲートウェイ」の通過を義務付けられ、ゲートウェイで家族に適切な支援(情報、アドバイス、ガイダンス、調停など)が紹介され、それでも合意に達しないケースについてのみ、養育費制度の利用を認めるしくみを採用した。また、②養育費制度の利用者に料金を課すものとなっている。

現在、2012年に政府が示した養育費制度が運用されている。この養育費制度は、当事者間での合意(family-based arrangement)を基本とし、合意に達しないケースについて養育費サービス(The Child Maintenance Service)を利用できる(養育費サービスの利用の前提として、Child Maintenance Options のサポートを受ける必要がある)。また、CSA(Child Support Agency)は2017年に廃止されることになっており、現在は、制度が混在している状況である。政府は、2013年1月に2012年～2017年の行動戦略を示している(Preparing for the future, tackling the past Child Maintenance-Arrears and Compliance Strategy2012-2017)。

2 公的扶助

2012年3月に制定された「2012年福祉改革法」(Welfare Reform Act)に基づく改革により、従来の所得補助(Income Support)、児童税額控除(Child Tax Credit)のほか4つの給付制度が統合され、「ユニバーサル・クレジット」(Universal Credit)という単一の制度となった(2013年10月から実施)。ユニバーサル・クレジットは受給者の就労促進を目的とした制度である。資力要件はあるが、扶養する子がある場合、その子の所得および資産は合算されず、養育費は所得認定されない。

第5章　諸外国の状況

3　扶養義務と公的扶助の調整

　上述のとおり、イギリスにおいては、2008年10月に福祉受給ケースに対する養育費制度の強制適用が廃止され、福祉受給の要件として養育費制度の利用が義務付けられているわけではない。また、2010年4月には支払われた養育費の福祉給付との相殺が廃止され、また、ユニバーサル・クレジットの受給において養育費は資力審査の際、所得認定されないとされていることから、制度上、養育費によって福祉受給を回収するしくみにはなっていないといえる。

　このように、イギリスにおいて、扶養義務と公的扶助はどちらかが優先するという関係にはないといえる。

4　まとめ

　イギリスでは、扶養義務の範囲が夫婦間および親の未成熟子に対するものだけなので、扶養義務が問題となる場合は、主に未成熟子に対する養育費の負担に関する場合に限定されている。

　また、その養育費負担の場面においても、1991年養育費法下において扶養義務者に対する追及が厳しい時代でさえも、養育費算定に際して、扶養義務

〈図10〉　イギリスにおける扶養義務の範囲

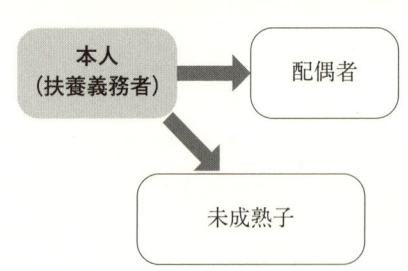

本人（扶養義務者）→ 配偶者
本人（扶養義務者）→ 未成熟子

・単一の社会保障制度（「ユニバーサル・クレジット」）。
・資力要件はあるが、扶養する子がある場合、その子の所得および資産は合算されず、養育費は所得認定されない。
・養育費算定に際して、扶養義務者の最低生活費は控除。
・養育費制度は扶養義務者から福祉給付を回収するための制度という位置づけにはない。

者の最低生活費は控除されており、扶養義務者の生活への配慮はなされていたといえる。

さらに、福祉受給の場面において、養育費制度の強制適用はされず、養育費を受け取っていても所得控除されないしくみになっていることから、養育費制度は扶養義務者から福祉給付を回収するための制度という位置づけにはないといえる。

V　アメリカ

1　扶養義務の考え方

アメリカの場合、誰が誰に対して扶養義務を負うかについては、州法である家族法等で規定されている。州によってその内容は異なるが、夫婦相互間および未成年の子ども（おおむね18歳未満）に対する親の扶養義務があるとされている点はおおむね共通している（例外として、カリフォルニア州等では成人した子に対しても親が扶養する義務を負うとしている）。

この点、日本の扶養義務の範囲と比較すると、限定された範囲にとどめられているものといえる。

2　扶養義務の履行方法──とりわけ公的扶助制度を利用する場合を想定して

アメリカの場合、日本に比較して扶養義務を負う者の範囲は限定されたものとなってはいるが、親は子どもに対する扶養義務を負うとされていることとの関係で、とりわけ公的扶助制度を利用する場合の扶養義務の履行の程度や方法について注目すべきものがある。

それが、「養育費強制プログラム」と呼ばれるしくみである（後記3参照）。

アメリカでは、1960年代半ば以降、離婚や未婚出産を理由とする母子世帯が増え、こうした母子世帯に対する父親の扶養義務の履行に対する社会的関

第5章 諸外国の状況

心が高まった。

　そこで連邦政府は、1975年に、養育費強制プログラム（Child Support Enforcement Program）を創設し、社会保障法Ⅳ編パートDに「児童扶養と父子関係の確定」として規定した。

　養育費を回収して、当時の公的援助であった児童扶養世帯扶助（Aid to Families with Dependent Children：AFDC）の費用にあてることを主目的として、このプログラムを利用することとされた。

　具体的には、AFDCの受給者から、州に対して、子が親に対して有する扶養請求権を譲渡し、新たに債権者となった州は、非監護親に対して、あらゆる法的手段により養育費の支払いを求めていくというものである。

　この後、数次の改正を経て、1996年の大規模な社会福祉改革（福祉から就労へ）のもと、AFDCが廃止され、貧困家庭一時扶助（Temporary Assistance for Needy Families：TANF）が創設された以降も基本的に変わらず、より一層強化された。

　前記の主目的を実現するため、TANF受給者は、この養育費強制プログラム制度を利用しなければならない（TANFケース）。

　受給者は、正当な理由なくこのプログラムの利用を拒んだ場合、TANF給付額が減額され、または、支給が停止される。

3　養育費強制プログラムの内容

(1) 行政による徴収のしくみ

　養育費強制プログラムは、司法に代わって、連邦政府の監督の下、州の責任で管理運営されている。連邦には養育費強制庁が、州には養育費強制局（さらに郡に養育局）が置かれる。連邦政府は、各州に対する達成状況に応じた補助金の増減によって、コントロールを及ぼしている結果、各州とも均一した制度となっている。具体的には、以下の4つの手続によって構成される。

Ⅴ　アメリカ

(2) 非監護親（養育費支払義務を負う親）の居所探索

養育費強制プログラムでは、全州をあげて、あらゆる情報から非監護親の正しい住所や職場を追跡できるシステムを構築し、非監護親の居所探索を行うことができるようになっている。

たとえば、The State Parent Locator Service（SPLS）というサービスでは、州の税金ファイル、個人財産の記録、自動車庁、雇用保障局、福祉局、公共機関やケーブルテレビ会社、金融機関、新雇用者名簿などのほか、民間会社が有する情報などを、さまざまな機関と提携して得ることができる。

州レベルのSPLSによっても非監護親の居所が不明な場合、さらに、The Federal Parent Locator Service（FPLS）という連邦の親追跡サービスが用いられ、FPLSが保有する情報へのアクセス制限は設けられているものの、その範囲はさらに広く、連邦養育費命令登録簿、全国新雇用者名簿、内国歳入庁、国防総省、国立人記録センター、社会保障庁や復員軍人庁がもつすべての情報の利用が認められている。

(3) 法的父子関係の確定

養育費回収にあたっては、法律的な父を確定しなければならない。

行政的手続により、父とされる男性、母親、子の血液・組織を用いて遺伝子テストが行われる。このテストは、養育費強制局の要求があれば、当事者は拒むことができないものとされている。

(4) 養育費支払命令の確定

さらに、養育費の強制を行うためには、司法機関による金額と支払方法を特定して行われる養育費支払命令を得る必要がある。

アメリカのすべての州において、養育費を計算するためのガイドラインがあり、これに基づいて支払うべき養育費額が計算されるしくみとなっている。

また、3年ごと、または、重大な事情の変化がある場合などに支払うべき養育費額を見直すことになっており、その都度、非監護親の所得等状況が把握されることとなる。

第5章　諸外国の状況

(5) 養育費の徴収

最後に、こうして確定された養育費支払命令の履行である。

養育費を支払わない非監護親に対処するため、1984年社会保障法改正の際、養育費の支払履行強制手段を規定し、さらに、具体的には州法において、非監護親に給与所得がある場合等は、その雇用主から支払われる給与から強制的に養育費を天引きする制度（給与天引き）が用いられることになる。

非監護親が事業主であったり、給与所得を得ていない場合などには、州税や連邦税との相殺、すなわち、非監護親が州から受領する税金還付金請求権と養育費支払請求権とを相殺させ、相殺額を子に支払うという方法がとられる。

その他、先取特権、銀行口座の凍結、パスポートの回収、差押え、財産売却などの強制履行を求められることになるが、裁判所の関与なく、養育費強制庁がこうした強制執行を行えることになっている。また、扶養義務の不履行には、裁判所侮辱罪が適用されることもある。

〈図11〉　アメリカ合衆国における扶養義務の範囲

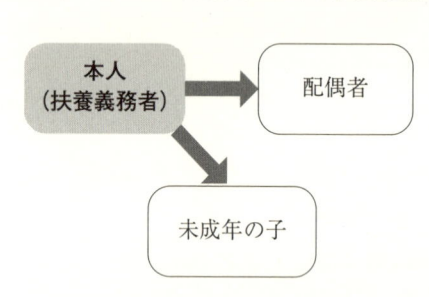

本人（扶養義務者）→ 配偶者
本人（扶養義務者）→ 未成年の子

ただし、州法により多少の差異あり

公的扶助を利用する場合の子に対する扶養義務について
《養育費強制プログラム》
① 非監護親の居所探索
② 法的父子関係の確定（遺伝子テストを受ける義務）
③ 養育費支払命令の確定
④ 養育費の徴収（給与天引き、租税還付金からの控除）

↓

・母子のプライバシーの侵害
・養育費滞納者に対する懲罰的取扱い

4　背景と評価——運用上の問題点

　こうした制度が構築された背景には、前述したとおり、1960年代半ば以降、離婚や未婚出産の増加とともに、公的扶助を受給する母子世帯が著しく増大し、その財政負担が問題となっていたことがあげられる。

　その際、父親が扶養義務を果たしていない家族の扶養の負担を納税者に課すべきではない、という主張が強まった。

　同時に、養育費を司法が扱うことへの批判があったとされている。つまり、煩雑で費用と時間のかかる裁判所の関与が、父親の無責任を助長し、母子世帯の貧困と福祉増大を招いている、というわけである。

　しかし、このようにして導入された制度の運用には、具体的な弊害も出ている。

① 　父子関係の確定において、母親のプライバシーにかかわる父親との関係や妊娠・出産にかかわる情報を要求される。たとえば、母親自身が子どもの父親を特定することができない場合、父親の可能性がある男性5人の名前をあげるように要求されるという問題が起きている。これらの要求に応じることで協力的であると認められなければ、TANFの削減や受給停止となるため、給付を必要とする女性はこれを拒否することができず、プライバシーの開示強制と福祉受給は交換関係となっていると批判されている。

② 　福祉行政であるはずの養育費制度が、滞納者をあたかも犯罪者のように扱い、懲罰的態度で対処することの問題が指摘されている。たとえば、滞納者のポスターを作成している養育費局では、指名手配と同様、「WANTED」と書かれ、顔写真付きで、氏名・年齢・最終住所地・職業・人種・身長・体重・髪の色・瞳の色・子どもの人数・養育費滞納額などが掲載され、情報提供を呼びかけるメッセージとともに通報先フリーダイヤル番号が記され、貼り出しているという（ウェブページ上でも

第5章　諸外国の状況

　　公開されているという）。ある州では、通常のポスターを縮小して配布しているほか、宅配ピザの箱に添付されているという。
　③　連邦の親検索サービスは、その後適用範囲が拡大し、監護権や面接交渉権の履行強制についても利用が認められるようになった。そのため、父親の監護権や面接交渉権に反して、母親が子どもを連れて逃げている場合には、父親の配偶者暴力や児童虐待がない限り、母子の居所情報が父親に提供される。すなわち、養育費制度は、国家が家族全体の情報を管理・監視下に置き、家族関係に権力的に介入する危険なシステムに変容しつつある。

　日本と大きく異なる社会的制裁意識の高さを前提に、養育費局がこうした社会的制裁を主導するものとして批判がある。

　以上に述べた他にも、新規雇用登録と養育費命令登録の運用はほぼ自動探索ともいいうる状況になっており、非監護親が無断で他州へ転職しても即座に非監護親の居所が養育費局に通知されており、社会保障番号をもとに、自動的に人の所在を管理・監視するシステムへと制度が変貌していく危険が高い。

　アメリカが経験した福祉改革の背景事情は、非監護親からの養育費の支払率が同じく低い状況となっている日本とも似ており、また、生活保護制度や生活保護利用者に対する風当たりが強まっていることから、現に、子の福祉を強調し、養育費支払強制制度の導入を検討する声もある。

　しかし、アメリカは、扶養義務の範囲や、生活保護法が扶養義務の履行を要件としていないことなど、日本とその前提が大きく異なっている。

　また、以上にみてきたとおり、アメリカの養育費支払制度には弊害や問題も多く、日本に導入することには慎重であるべきである。

Ⅴ　アメリカ

〔表2〕先進諸外国における扶養義務者の範囲と求償制度の比較一覧表

	扶養義務者の範囲	求償制度
スウェーデン	夫婦相互間の扶養義務と独立前の子に対する親の扶養義務のみ	義務者が養育費の支払いをしなかった場合、スウェーデン社会保険庁が養育費を支払ったうえ、義務者に資力がある場合には、償還請求を行う。
フランス	① 夫婦間（パックスを含む） ② 未成年の子に対する親 ただし、家族法上の扶養義務はさらに幅広い	日本の生活保護法77条のような扶養義務者に対する求償について規定する明文は存在しない。判例では父母間の求償を認めるが、その他求償関係は固まっていない。
ドイツ	① 直系血族間 ② 未婚の未成年子に対する父母 ③ 夫婦間	1親等以内の親族で、かつ、当該親族の総収入が10万ユーロ（約1370万円）を超える場合に限定される。
イギリス	夫婦間および親の未成熟子に対する扶養義務のみ	養育費制度は扶養義務者から福祉給付を回収するための制度という位置づけにはない。
アメリカ	州によって異なるが、おおむね夫婦間および未成年（おおむね18歳未満）の子に対する扶養義務のみ	養育費強制プログラム
日本	① 夫婦間 ② 直系血族（親の未成熟子に対する扶養義務含む）および兄弟姉妹間 ③ 特別の事情がある場合、3親等内の親族間	「民法の規定により扶養の義務を履行しなければならない者があるときは、その義務の範囲内において、……その費用の全部又は一部を、その者から徴収することができる」（生活保護法77条）。

第6章　生活保護と扶養義務のあり方についての提言

〈2014年（平成26年）7月18日〉

Ⅰ　提言の趣旨

1　民法上の扶養義務者の範囲について

　現行民法上の扶養義務者（絶対的扶養義務者）の範囲については、最大でも直系血族に限るべきであり、民法877条1項の扶養義務者について、「兄弟姉妹」の文言は削除するよう法改正がなされるべきである。また、特別の事情があるときは、三親等内の親族間においても扶養の義務を負わせることができるとする民法877条2項の規定は不要であり削除されるべきである。

2　扶養義務の程度（養育費分担義務）について

　養育費分担に関する家庭裁判所実務においては、義務者の収入が最低生活費を下回る場合には養育費分担義務を課さない運用を徹底すべきであり、現在利用されている養育費算定表は、義務者の最低生活費を確保することを前提としたものになるよう改善されるべきである。

3　扶養調査のあり方について

(1)　扶養調査においては、先ずは、要保護者から生活歴等について十分な聞き取り調査をおこない、その結果、当該扶養義務者について、明らかに扶養義務の履行が期待できない場合には、当該扶養義務者に対する直接の照会を行う必要がないという、厚生労働省通知（局長通知第5-2(1)、課長通知第5の2、別冊問答集問5-1）の内容を周知徹底するべきである。

(2) 扶養義務者に扶養を求めるよう要保護者を「指導」することが許され、扶養が保護の要件であるかのごとき誤解を招く厚生労働省通知（次官通知第5）の規定ぶりを速やかに是正するべきである。

　　生活保持義務関係にある扶養義務者についても、扶養義務の履行が明らかに期待できない場合については、扶養能力がないものと取り扱って良いように、厚生労働省の通知（局長通知第5-2(2)ア）を是正するべきである。

　　また、扶養義務の履行が期待できると判断された「重点的扶養能力調査対象者」について、管内であっても原則として実地調査は不要とし、再度の書面による照会に回答がない場合には、特段の事情がない限り「扶養の可能性がない」ものと取り扱って良いように、厚生労働省の通知（局長通知第5-2(2)ア）を是正するべきである。

(3) 大阪市が、2013年12月に発表した「生活保護受給者に対する仕送り額の『めやす』」は速やかに廃止すべきである。

4　改正法の運用のあり方について

改正法24条8項の扶養義務者に対する「通知」及び、同28条2項の扶養義務者に対する「報告請求」は、「明らかに扶養が可能であると思われるにもかかわらず扶養を履行していないと認められるような極めて限定的な場合に限る」とした国会答弁及びその旨を明記した生活保護法施行規則2条3条を遵守し、要件を満たさない違法な「通知」や「報告請求」が行われることのないよう徹底するべきである。

5　扶養義務の履行に対する公権力介入のあり方について

扶養義務の履行に対する公権力介入は極力控えられるべきであり、扶養を行わない扶養義務者に対する法77条に基づく費用徴収は慎重になされるべきである。

第6章　生活保護と扶養義務のあり方についての提言

Ⅱ　提言の理由

1　民法上の扶養義務者の範囲について

　現行民法上、絶対的扶養義務者とされている直系血族及び兄弟姉妹については、資本主義社会における自助の原則とは理論的に矛盾し、法的な義務とすべき理論的根拠は不明である。

　また、国民意識として、兄弟姉妹に扶養を求める意識は元々希薄である上、家裁事件の実数をみても、兄弟姉妹を要扶養者とする扶養事件は、ほとんど利用されておらず、民法の同規定は形骸化している。老親扶養についても、日本社会が高齢化しているにもかかわらず、昭和50年ころのピーク時と比べて、扶養事件数は、約半減し、減少したままである。核家族化が進むなかで国民意識として、親族扶養だけでなく、老親扶養の意識も薄れてきており、扶養の規定そのものが形骸化しつつあるといえる。

　諸外国の例をみても、スウェーデンでは夫婦相互間と独立前の子に対する親の扶養義務に限定されており、イギリスも夫婦相互間と未成熟子に対する親の扶養義務のみである。アメリカは州によって異なるものの概ねイギリスと同様である。フランスは夫婦間と直系の親族間の扶養義務はあるが兄弟姉妹間には扶養義務の定めはなく、ドイツも同様である。

　学説も一致して、現行法の扶養義務者の範囲は広すぎると考えており、立法論としては多少の温度差はあるものの、少なくとも兄弟姉妹については絶対的扶養義務者からはずすべきであると考えている。

　このように、直系血族及び兄弟姉妹に対して法的扶養義務を課すことについては、理論的根拠に欠け、国民の意識とも乖離しているうえ、調査した諸外国においても兄弟姉妹に法的扶養義務を課していないことに鑑みれば、今日において、少なくとも兄弟姉妹については、法的扶養義務を課すべき合理性がないことは明らかであるから、わが国の学説も支持するとおり、立法論

として、兄弟姉妹を法的扶養義務者から外す必要があるものと考える。また、特別の事情があるときは、三親等内の親族間に扶養義務を負わせることを可能とする現行法の規定は、国民の意識とはかけ離れており、必要性もないことから、削除されるべきである。

2 扶養義務の程度（養育費分担義務）について

扶養義務の内容・程度については、夫婦間及び親の未成熟子に対する扶養義務である「生活保持義務」とそれ以外の親族間における扶養義務である「生活扶助義務」の２種類に分けて考える、いわゆる二分説が通説である。

このうち、「生活保持義務」の内容・程度については「義務者が文化的最低限度の生活水準を維持できて、かつ経済的に余力のある限りで、権利者に義務者の生活と同程度に近い相当の扶養を得させる義務である」とするのが現在の通説であり、生活保護行政においても、生活保持義務関係においては「扶養義務者の最低生活費を超過する部分」を標準とすることしている。

養育費の分担に関する家庭裁判所の実務においても、従前は、義務者の基礎収入が最低生活費を下回る場合には、義務者は免責されていた例が少なくなかった。

ところが、平成15年４月、東京・大阪養育費等研究会により発表された「養育費・婚姻費用の「算定表」では「生活保持義務の考え方からすれば『少ないパンでもわが子と分かち合うべき』であり、義務者の免責と生活保持義務の考え方とは矛盾を孕んでいた」「義務者の免責を認めることにすると、最低生活費の算出が必要となるなど計算過程が複雑化することも避けられない。」として、義務者の基礎収入が最低生活費を下回る場合においても、養育費分担義務を免れないものとされている。

しかしながら、義務者の基礎集収入が最低生活費を下回る場合には養育費分担義務を免責していた従前の家庭裁判所実務は何ら生活保持の考え方と矛盾するものではなく、むしろ、生活保持義務の考え方に忠実な処理である。

第6章　生活保護と扶養義務のあり方についての提言

　また、研究会が参考にしたドイツのデュッセルドルフ表においても、義務者の生活に必要な額（自己保有分）を確保することが前提とされており、研究会の説明は単なるご都合主義であり何らの合理性もない。
　仮に義務者が研究会の「算定表」に従って養育費分担義務を負担したとしても、生活保護実務上、養育費収入についても収入認定されてその分保護費が減額される取扱いが一般的であることからすれば、義務者は養育費の支払によって最低生活費を下回る生活を余儀なくされる一方、権利者世帯の手取り収入は一切増えず、単に実施機関の保護費負担が養育費分減るだけという、子どもの福祉のためという養育費本来の機能と異なる不合理な（つまり子の福祉名目で義務者世帯に最低生活費を下回る生活を強いる一方、権利者世帯の子どもの足しには何らならず、結局実施機関が負担軽減されるだけであり、実施機関の最低生活保障義務にも悖る）結果を招くだけである。そして、このような結果は、「健康で文化的な最低限度の生活」を保障した憲法25条1項に抵触するものであることは明らかである。

3　扶養調査のあり方について

(1) 慎重な配慮の必要性

　生活保護の利用に際して行われる扶養調査は、疎遠になっている親・兄弟姉妹に迷惑をかけたくないという思いや、生活保護を利用するほど困窮しているという"恥"を知らせたくないというプライドや意地等から、要保護者に生活保護の申請をためらわせる大きなハードルとなっている。
　そこで、要保護者が、扶養義務者に対する連絡を恐れて生活保護を利用することができないという事態が生じないよう、扶養調査に当たっては慎重な配慮が求められる。しかし、現実には、要保護者からの十分な聞き取り調査を行わないまま、一律に、照会文書（扶養照会）を送付するといった運用が依然として行われており、このような事態は一刻も早く改善される必要がある。

Ⅱ　提言の理由

(2) 厚生労働省通知徹底の必要性

　この点、扶養調査の手順に関する厚生労働省の通知においても、要保護者からの聞き取りの結果（局長通知第5-2(1)）、当該扶養義務者について、明らかに扶養義務の履行が期待できない場合（扶養義務者が生活保護利用者・施設入所者・長期入院患者・主たる生計維持者でない非稼働者・未成年者・概ね70歳以上の高齢者である場合、20年以上音信不通等要保護者の生活歴等から特別な事情があり明らかに扶養ができない場合、要保護者が夫の暴力から逃れてきた母子等の場合。課長通知問第5の2、別冊問答集問5-1）には、当該扶養義務者に対する直接の照会を行う必要はないものとされており（別冊問答集2013年度版143頁）、かかる通知の内容を実務上周知徹底する必要がある。

(3) 厚生労働省通知是正の必要性

ア　一方、厚生労働省通知（次官通知第5）は、「要保護者に扶養義務者がある場合には、扶養義務者に扶養及びその他の支援を求めるよう、要保護者を指導すること」と規定している。しかし、保護適用前の要保護者に対して生活保護法27条が規定する「指導指示」は行うことができず、27条の2に基づく「助言」ができるのみである。また、扶養義務者に扶養の期待可能性がない場合には、扶養を求めるよう要保護者に助言することも不適切である。

　また、次官通知第5は続けて、「民法上の扶養義務の履行を期待できる扶養義務者のあるときは、その扶養を保護に優先させること」と規定している。しかし、扶養義務の履行を期待できる扶養義務者があるとしても、まずは保護を適用した上で、その期待可能性の程度を調査確認すべきなのであり、次官通知の上記の規定ぶりは、扶養義務者に扶養を求めるよう要保護者を「指導」することが許され、扶養が保護の要件であるかのごとき誤解を招くものであって、速やかに是正されるべきである。

イ　厚生労働省通知（局長通知第5-2(2)ア）は、扶養義務の履行が期待できない場合であっても、扶養義務者が生活保持義務関係にある者の場合

第6章　生活保護と扶養義務のあり方についての提言

には、「関係機関等に照会」等をすることを求めている。しかし、扶養義務の履行が期待できない場合にこうした照会を行うことは労多くして実効性がないため、圧倒的な人員不足の中、実施していない実施機関が多い。その他の扶養義務者の場合（課長通知問第5の2）と同様に扶養能力がないものとして取り扱って差し支えないものとすべきである。

ウ　厚生労働省の通知（局長通知第5-2(2)ア）は、扶養義務の履行が期待できると判断された「重点的扶養能力調査対象者」について、管内に居住している場合には実地調査を要するものとしているが、実効性・現実性の観点から実施していない実施機関が多い。原則として書面による照会で足りるとすべきである。また、同通知は、再度の書面による照会に回答がない場合には、居住地の実施機関に調査依頼等を行うことを求めている。しかし、2回の扶養照会に対して回答がないということは、「扶養義務の履行が期待できる」との見立てそのものに誤りがあった可能性が高い。したがって、かかる場合は、特段の事情がない限り、その他の扶養義務者の場合（別冊問答集問5-12）と同様に「扶養の可能性がない」ものとして取り扱って差し支えないものとすべきである。

(4)　大阪市の「仕送り額の『めやす』」は廃止が必要

　大阪市は、2013年12月、扶養義務者の年収に応じた仕送り額の「めやす」を一覧表にして示した「生活保護受給者に対する仕送り額の『めやす』」を作成したことを発表した。

　しかし、民法879条は、扶養の程度は「扶養義務者の資力」だけでなく、「その他一切の事情」を考慮して裁判所が定めるものと規定している。したがって、具体的な扶養義務（仕送り額）の有無・程度は、双方の収入・資産だけでなく、権利者・義務者の関係の親疎・濃淡、権利者（要扶養者）の過失の有無等、もろもろの考慮要素で決まるものであり、収入のみを基準に金額を定める大阪市の仕送り額の「めやす」はそれ自体、民法の規定と相いれないものである。また、大阪市は、「めやす」を画一的に当てはめるような

運用はしない旨説明しているが、実際に「めやす」が一般に運用されれば、扶養義務者は、単に年収のみを基準に機械的に一定額の仕送りを求められ、扶養を事実上強制される結果となることが強く懸念される。仮に、家庭裁判が判断すれば具体的扶養義務を否定するような事案において、実施機関が虚偽の説明をしたため、「めやす」に示された額の仕送りをする義務があるものと誤信し仕送りを行った場合には、実施機関の行為が扶養義務者に対する不法行為を構成する可能性もある。したがって、かかる「仕送り額の『めやす』」は速やかに廃止されるべきである。

仮に利用するのであれば、扶養の可能性が期待できる場合の扶養照会に対して扶養義務者の側から任意かつ真摯な扶養の申し出があった場合に、あくまでも「めやす」に過ぎないことを十分の説明のうえ示すにとどめるべきである。

4　改正法の運用のあり方について

改正法により、保護開始前の扶養義務者に対する「通知」義務（24条8項）及び、扶養義務者に対する「報告請求」（28条2項）の規定がそれぞれ新設された。

これらの規定に対しては、扶養圧力の強化につながり、事実上扶養を保護の要件化するものであるとして、法案段階において、各方面から批判がなされた。

この点に関し、平成25年5月開催の「生活保護関係全国係長会議資料」（平25・5・20厚生労働省社会・援護局保護課）には、改正法24条8項の通知について、「この通知の対象となり得るのは、福祉事務所が家庭裁判所を活用した費用徴収を行うこととなる蓋然性が高いと判断するなど、明らかに扶養が可能と思われるにもかかわらず扶養を履行していないと認められる極めて限定的な場合に限ることとし、その旨厚生労働省令で明記する予定である」と記載されている。

第6章 生活保護と扶養義務のあり方についての提言

　また、国会審議の中で、村木厚子厚生労働省社会・援護局長（当時）は、改正法28条2項の報告請求についても改正法24条8項と同様に「明らかに扶養が可能と思われるにもかかわらず扶養を履行していないと認められる極めて限定的な場合に限ることとして」おり、「扶養は保護の要件とされていということも踏まえまして、扶養義務者に対して、回答義務や回答がされない場合の罰則を科すことはいたしておりません。」と答弁している。

　これら国会審議の経過を踏まえ、平成25年11月23日参議院厚生労働委員会附帯決議4項において「扶養義務者に対する調査、通知等にあたっては、扶養義務の履行が要保護認定の前提や要件とはならないことを明確にするとともに、事前に要保護者との家族関係、家族の状況等を十分に把握し、要保護者が申請を躊躇したり、その家族関係の悪化を来したりすることのないよう、十分配慮すること。」とされた。

　さらに、生活保護法施行規則（2条、3条）において、扶養義務者に対する「通知」及び「報告請求」の対象となりうるのは、①保護の実施機関が、当該扶養義務者に対して法第77条第1項の規定による費用の徴収を行う蓋然性が高いこと、②申請者が配偶者からの暴力を受けていない場合であること、及び、③当該通知を行うことにより申請者の自立に重大な支障を及ぼすおそれがないことのいずれにも該当する場合に限る旨明記されるに至っている。

　そこで、これらの説明及び経緯を踏まえ、上記国会答弁及びその旨を明記した生活保護法施行規則を遵守し、要件を満たさない違法な「通知」「報告請求」が行われることのないよう徹底される必要がある。

5　扶養義務の履行に対する公権力介入のあり方について

　生活保護法は、扶養義務者が真に富裕であるにもかかわらず援助しないケースでは扶養義務者から費用を徴取できるとの規定をおいている（法77条）。したがって、明らかに多額の収入や資産を有しているが扶養を行わない扶養義務者に対しては、この規定を利用して費用徴収をすることができる。

Ⅱ　提言の理由

　しかしながら、この規定を一般に広く適用することは、事実上扶養を保護の要件にするのと類似の効果を招くおそれがある。とくに、諸外国に比べ、扶養義務者の範囲が広くなっている日本においては、費用徴収権の行使はより慎重になされる必要がある。

　　　　　　　　　　　　　　　　　　　　　　　　　　　　　以上

《特別寄稿》 民法上の扶養義務と生活保護

筑波大学教授　本澤巳代子

I 民法上の扶養義務と扶養義務二分説

　明治民法では、「家」の存続が絶対的な価値を持つものとされ、婚姻も出産も家の存続を目的としたものと位置づけられていた。そして、家の財産である家産は、家の長である戸主の下に集約されて管理され、戸主が死亡したときは、戸主の身分を承継する長男が単独で家産を承継するものとされていた（家督相続）。このような戸主の絶対的権限の裏返しとして、戸主は、家の構成員を扶養する義務を負うとされたが、しかし、年長者・親に対する孝養が重視されたため、夫婦間や幼い子に対する扶養よりも、直系尊属に対する扶養が優先されていた**(注1)**。このような考え方に対し、中川善之助教授は、夫婦間と子どもに対する扶養義務は、一般親族に対する扶養義務とは本質的に異なるとして、スイス民法の用語を参考に、扶養義務を生活保持義務と生活扶助義務に分ける扶養義務二分説を提唱したのである**(注2)**。そして、この扶養義務二分説は、戦後、個人の尊厳と両性の本質的平等の理念を規定した憲法に従って改正された民法の下において通説化し、判例や行政実務においても受け入れられるようになった**(注3)**。

（注1）　床谷文雄「前注」於保不二雄＝中川淳編『新版注釈民法(25)親族(5)〔改訂版〕』（有斐閣、2004年）227頁～228頁。
（注2）　中川善之助「親族的扶養義務の本質——改正案の一批評㈠（二・完）」法学新報38巻6号（1928年）1頁以下および7号（1928年）48頁以下。
（注3）　中川善之助教授の扶養義務二分説の歴史的背景と受容過程について、詳しくは、深谷松男「生活保持義務と生活扶助義務」川井健ほか編著『講座現代家族法第4巻　親権・後見・扶養』（日本評論社、1992年）187頁以下参照。

I　民法上の扶養義務と扶養義務二分説

　ちなみに、中川教授は、生活保持義務と生活扶助義務の法的性質の違いについて、「子または配偶者の生活を自己の生活の一部として保持する義務であるから、扶養の程度は自己の生活程度に均しく、生活の全面保持でなければならない。これに反し生活扶助の義務は相手方の生活を維持するため、自己の地位に相応な生活を犠牲にすることなしに給与しうる生活必要費だけでよい」**(注4)** と説明している。さらに、生活保持義務について、「夫婦間における生活保持の義務は相互的である」「しかし親と未成熟子の間における生活保持の義務は原則として片面的であり、親だけが負う義務である。親が子を養う資産を持たないときは、子を養うために労働する義務がある」**(注5)** として、相互的な夫婦の生活保持義務と片面的な親の未成熟子に対する生活保持義務とを区別している。そして、2013年（平成25年）7月に開催された家族法改正研究会第5回シンポジウム「扶養法改正に向けた論点整理」の中でも、野沢紀雅教授は、現在の学説状況として、「少なくとも、親の未成年子扶養に関しては、その義務が他の親族扶養義務とは区別される、優先的かつ高度の負担が求められる扶養義務であることは一般的に承認されているといってよい」**(注6)** と結論づけておられる。

　この扶養義務二分説は、既述のごとく、民法上明文規定が存在するわけではないが、親族扶養優先原則を明記した生活保護法（同法4条2項）の下、生活保護の実務でも定着したものとなっている**(注7)**。もっとも、生活保持義務について、中川教授が比喩的に「最後に残された一片の肉までを分け与えるべき義務」としたことに対しては批判が多く、扶養義務者が健康で文化的な最低限度の生活を保持させることができなくなるとか、公的扶助のある

(注4)　中川善之助『親族法〔新訂〕』（青林書院新社、1965年）597頁。
(注5)　中川・前掲（注4）598頁。
(注6)　野沢紀雅「扶養法改正の課題（総論的問題）」戸籍時報705号（2013年）9頁。
(注7)　生活保護法4条の補足性の原理として、親族扶養優先の原則が法文上明記されており、生活保護行政においても扶養義務二分論は完全に定着している（各年度発行の『生活保護手帳』参照）。

111

《特別寄稿》 民法上の扶養義務と生活保護

現在これを法的義務として強制するのは疑問であると批判されている**(注8)**。しかし、「自分の生活さえ維持しえぬ者が他を扶養するというのはおかしく、中川教授も経済的給費としての扶養を超える保護を意味していることに注意すべきである」との指摘もある**(注9)**。特に、2012年のタレントの母親が生活保護を受給していたことで過熱報道された事態にも見られるように、生活扶助義務が生活保持義務と混同されたり、生活保護法における親族扶養優先原則の下でいたずらに親族扶養が強調されたりすることが危惧される**(注10)**。

Ⅱ 夫婦間の扶養義務と親の未成熟子に対する扶養義務（生活保持義務）

1 婚姻中における扶養義務

婚姻は夫婦が平等の権利を有することを基本とする憲法規定（憲法24条1項）を受けて、民法は、夫婦は同居し、互いに協力し扶助しなければならないと規定する（民法752条）。ここにいう夫婦の扶助義務は、夫婦が未成熟子**(注11)**を含めた生活共同体を形成し、一体としての婚姻共同体の維持が婚姻の本質的義務として要請されていることに基づく経済的な義務であり、夫婦は、相互に相手方に対して、自己と同一水準の生活を保障すべき生活保持義務を負うと解するのが、通説・判例の立場である**(注12)**。

もっとも、実際に、夫婦の一方が他方に対して生活費を請求する場合には、

(注8) 青山道夫『家族法論Ⅰ〔改訂〕』（法律文化社、1971年）232頁・238頁。
(注9) 西原道雄「生活保護法における親族の扶養義務」私法16号（1954年）95頁。
(注10) いち早く、この点を指摘されたものに、小川政亮「親族扶養をめぐる生活保護行政の実態」法律時報29巻5号（1957年）76頁以下（小川政亮著作集編集委員会編『小川政亮著作集4 家族・子どもと社会保障』（大月書店、2007年）84頁以下所収）がある。
(注11) 未成熟子とは、身体的・精神的・経済的に成熟化の過程にあるため、就労が期待できず、第三者による扶養を受ける必要がある子を意味する。未成年の子であることとは一致しないから、成年に達している子でも、重度障がいや病弱のために働くことのできない子も含まれる。

Ⅱ　夫婦間の扶養義務と親の未成熟子に対する扶養義務（生活保持義務）

婚姻費用の分担請求に関する規定（民法760条）を利用するのが一般的である。婚姻費用とは、夫婦および未成熟子を含む婚姻共同生活を営むうえで必要な一切の費用のことであり、夫婦および未成熟子の衣食住の費用、医療費、教養・娯楽費、交際費などの日常生活費だけでなく、未成熟子の教育にかかる費用も含まれる。しかし、子どもを1人の人格として尊重し、子どもの最善の利益を保護するとの観点からすれば、婚姻中および別居中における親の未成熟子に対する扶養義務（生活保持義務）は、独立規定として民法上明記されるべきである（注13）。

2　離婚後における父母の未成熟子に対する扶養義務

父母が離婚したとしても、また離婚後父母のいずれが親権者になったとしても、親であることに変わりはないから、未成熟子と同居している親だけでなく、未成熟子と同居していない別居親も、未成熟子を扶養する義務がある。しかし、婚姻中における未成熟子の生活費・教育費等が婚姻費用として分担請求されることとも関連して、離婚の場合における未成熟子の生活費・教育費等は、離婚後に未成熟子を監護する同居親が、監護に必要な費用（養育費）として、別居親に対して請求する（民法766条1項・3項）ことが多い。この場合には、離婚訴訟に附帯して請求することができ（人事訴訟法32条1項）、家庭裁判所は、離婚判決で監護費用の分担を命ずることができる。

（注12）　このような通説・判例の立場を前提に、それを法文上明示するか、明示するとして「親子、婚姻（夫婦）の場所におくか、すべてを扶養の章におくか」が問題となる。我妻栄「親族法の改正について」法律時報31巻10号（1959年）16頁参照。

（注13）　家族法改正研究会の親権法等グループにおける報告では、未成年子に対する親の扶養義務を切り離して親子法に規定する分離型、子の扶養について親族扶養の中に特則をおく非分離型、非分離型を基本として特則や手続規定を親子法に配置する折衷型が提示されている（野沢・前掲（注6）9頁〜11頁）。さらに、同研究グループメンバーの1人である早野俊明教授は、民法877条の2（扶養義務の発生要件）として、立法案3案とその理由を示すとともに、婚姻費用（同法760条）との関係についても立法案を具体的に示しておられる（「子の扶養」戸籍時報705号（2013年）22頁以下参照）。

《特別寄稿》　民法上の扶養義務と生活保護

これに対し、未成熟子自身も、別居親に対する扶養請求権を行使することができる（民法877条）。しかし、当該未成熟子は一般に未成年者であるから、法定代理人である親権者、すなわち離婚の際に単独親権者となった同居親が、未成熟子に代わって、非親権者である別居親に対して扶養請求することになる。

Ⅲ　抽象的扶養義務と具体的扶養義務

　具体的な扶養義務は、扶養権利者の要扶養状態と扶養義務者の扶養能力、そして扶養権利者による請求がそろってはじめて発生する。二宮周平教授は、要扶養状態の判断基準として、「生活保持義務関係にある者については、総務省統計局および地方公共団体の実施している家計調査に基づく標準家計費を、生活扶助義務関係にある者については、生活保護基準を目安にして、私的扶養の範囲を拡大しないようにするのが妥当であろう」とする。そして扶養能力については、「生活保持義務関係にある場合には、標準家計費を超える資力があること、生活扶助義務関係にある場合には、社会的地位に相応の生活をしてなお余力があることを目安にすべきである」とする**(注14)**。これに対し、審判例は、最低生活保護基準程度の生活費をまかなってなお余りある経済的能力のある場合には、具体的扶養義務が生じるとし、生活保持義務者であるがゆえに、最低生活を割ってまで扶養義務を負わせることはできないと判断している（札幌家裁昭和48年3月24日審判・家庭裁判月報26巻1号59頁、大阪家裁昭和57年5月29日審判・家庭裁判月報35巻10号85頁）。

　したがって、生活保持義務関係にある者の場合には、その扶養の程度は、義務者が健康で文化的な最低限度の生活を維持できる範囲内において**(注15)**、

（注14）　二宮周平『家族法〔第4版〕』（新世社、2013年）249頁。
（注15）　磯野誠一「審判による扶養義務」中川善之助教授還暦『家族法大系Ⅴ　親権・後見・扶養』（有斐閣、1959年）177頁、佐藤隆夫「生活保持義務と生活扶助義務」谷口知平ほか編『現代家族法大系3　親子・親権・後見・扶養』（有斐閣、1979年）422頁。

114

権利者が義務者の生活水準と同程度の生活をすることができる程度であることを基本とすべきである。ところが、生活保護を受給している生活保持義務者である別居親に対して、生活保護を受給している同居親が、未成熟子2名の養育費を請求した事案において、各子1カ月1万円の養育費の支払いを命じたものがある**(注16)**。たとえ別居親が未成熟子2名に対して生活保持義務を負うとしても、生活保護費は通常の「収入」と同一視されるべきものではないから、失業中の別居親が実際に新たな職に就くことができてから、事情変更による養育費請求ないし扶養請求としてあらためて申立てを行うべきものと思われる。

Ⅳ 親の未成熟子に対する扶養義務の明記と国の責任

　以上のように、現行民法のもとでは、親の未成熟子に対する扶養義務は、父母の婚姻関係の継続・破綻・離婚によって、その義務履行の請求方法が異なることになっている。しかし、未成熟子の生活保障の観点からすると、父母に対する扶養請求権は、子の固有の権利として、父母の婚姻関係の有無、同居・別居・離婚によって左右されない中立的なものとして、民法上明確に規定されるべきである**(注17)**。また、親権者が子の扶養請求権を放棄したり、主張しなかったりする場合には、子の最善の利益を保護するために、親権者に代わって子の扶養請求権を主張できるように、子どもの手続代理人制度の活用ないし児童相談所による代替請求制度などの制度整備を行うべきである**(注18)**。それは、子どもの健全育成に対して責任を負っている国の責務である。

(注16)　東京家裁平成24年3月22日判決・判例集未登載（WestlawJapan 文献番号2012WLJPCA03226004）、東京高裁平成24年8月29日判決・判例集未登載（WestlawJapan 文献番号2012WLJPCA08296001）。
(注17)　拙稿「社会保障法と家族」古橋エツ子先生還暦『21世紀における社会保障とその周辺領域』（法律文化社、2003年）191頁。
(注18)　ドイツにおける子どもの扶養料立替制度について、拙稿「扶養義務（877条以下との関係――民法の視点から②）」法律時報86巻8号（2014年）59頁参照。

《特別寄稿》 民法上の扶養義務と生活保護

　子どもの日常生活や教育にかかわる待ったなしの事柄については、親の私的扶養と国家の公的扶助の優劣を問題にすることなく、国家が自らの責任でもって対処することが重要である。親の失業等による扶養料支払能力の喪失、あるいは親の再就職による稼働収入や再婚等における子どもの出生などの問題は、すべて事後的に事実関係を確認して対処すればよいことである。親の子どもに対する扶養義務を私的領域にのみ閉じ込め、子どもの最低生活保障を怠るとすれば、国家はその怠慢を叱責されて然るべきであろう。

資料① 生活保護法における扶養義務に関する次官通知・局長通知・課長通知

資料① 生活保護法における扶養義務に関する次官通知・局長通知・課長通知

> 【次官通知】「生活保護法による保護の実施要領について」（昭和36年4月1日厚生事務次官通知）
> 《局長通知》「生活保護法による保護の実施要領について」（昭和38年4月1日社発第246号各都道府県知事・各指定都市市長あて厚生省社会局長通知）
> 〈課長通知〉「生活保護法による保護の実施要領の取扱いについて」（昭和38年4月1日社保第34号各都道府県・各指定都市民生主管部（局）長あて厚生省社会局保護課長通知）

【次官通知】
第5　扶養義務の取扱い

要保護者に扶養義務者がある場合には、扶養義務者に扶養及びその他の支援を求めるよう、要保護者を指導すること。また、民法上の扶養義務の履行を期待できる扶養義務者のあるときは、その扶養を保護に優先させること。この民法上の扶養義務は、法律上の義務ではあるが、これを直ちに法律に訴えて法律上の問題として取り運ぶことは扶養義務の性質上なるべく避けることが望ましいので、努めて当事者間における話合いによって解決し、円満裡に履行させることを本旨として取り扱うこと。

《局長通知》
第5-1　扶養義務者の存否の確認について

(1) 保護の申請があったときは、要保護者の扶養義務者のうち次に掲げるものの存否をすみやかに確認すること。この場合には、要保護者よりの申告によるものとし、さらに必要があるときは、戸籍謄本等により確認すること。
ア　絶対的扶養義務者。
イ　相対的扶養義務者のうち次に掲げるもの。
　(ｱ)　現に当該要保護者又はその世帯に属する者を扶養している者。
　(ｲ)　過去に当該要保護者又はその世帯に属する者から扶養を受ける等特別の事情があり、かつ、扶養能力があると推測される者。

> 〈課長通知　第5の1〉
> 問1　局長通知第5の1の(1)のイの(ｲ)にいう「特別の事情」に該当するのは、どのような場合であるか。
> 答　民法第877条第2項にいう特別の事情と同様趣旨のものと考えてよく、この場合、特別の事情とは、法律上絶対的扶養義務者には一般的に扶養義務が課せられるが、その他の三親等内の親族に

資料①　生活保護法における扶養義務に関する次官通知・局長通知・課長通知

> ついても、親族間に生活共同体的関係が存在する実態にあるときは、その実態に対応した扶養関係を認めるという観点から判断することが適当であるとされている。したがって、本法の運用にあたっても、この趣旨に沿って、保護の実施機関において、当事者間の関係並びに関係親族及び当該地域における扶養に関する慣行等を勘案して特別の事情の有無を判断すべきものである。
> 　わが国の社会実態からみて、少なくとも次の場合には、それぞれ各号に掲げる者について特別の事情があると認めることが適当である。ただし、当該判断にあたっては機械的に取り扱うことなく、原則当事者間における話合い等によって解決するよう努めること。
> 　１　その者が、過去に当該申請者又はその世帯に属する者から扶養を受けたことがある場合
> 　２　その者が、遺産相続等に関し、当該申請者又はその世帯に属する者から利益を受けたことがある場合
> 　３　当該親族間の慣行又は当該地域の慣行により、その者が当該申請者又はその世帯に属する者を扶養することが期待される立場にある場合

(2) 扶養義務者の範囲は、次表のとおりであること。

親等表（略）

(3) 扶養義務者としての「兄弟姉妹」とは、父母の一方のみを同じくするものを含むものであること。

第5-2　扶養能力の調査について

(1) 1により把握された扶養義務者について、その職業、収入等につき要保護者その他により聴取する等の方法により、扶養の可能性を調査すること。なお、調査にあたっては、金銭的な扶養の可能性のほか、被保護者に対する定期的な訪問・架電、書簡のやり取り、一時的な子どもの預かり等（以下「精神的な支援」という。）の可能性についても確認するものとする。

> 〈課長通知　第5の2〉
> 問2　局長通知第5の2の(1)による扶養の可能性の調査により、例えば、当該扶養義務者が被保護者、社会福祉施設入所者及び実施機関がこれらと同様と認める者、要保護者の生活歴等から特別な事情があり明らかに扶養ができない者並びに夫の暴力から逃れてきた母子等当該扶養義務者に対し扶養を求めることにより明らかに要保護者の自立を阻害することになると認められる者であって、明らかに扶養義務の履行が期待できない場合は、

資料① 生活保護法における扶養義務に関する次官通知・局長通知・課長通知

その間の局長通知第5の2の(2)及び(3)の扶養能力調査の方法はいかにすべきか。
答1　当該扶養義務者が生活保持義務関係にある扶養義務者であるときは、局長通知第5の2の(2)のアのただし書きにいう扶養義務者に対して直接照会することが真に適当でない場合として取り扱って差しつかえない。
　2　当該扶養義務者が生活保持義務関係にある扶養義務者以外であるときは、個別の慎重な検討を行い扶養の可能性が期待できないものとして取り扱って差しつかえない。
　3　なお、いずれの場合も、当該検討経過及び判定については、保護台帳、ケース記録等に明確に記載する必要があるものである。

〈課長通知　第5の3〉
問3　生活扶助義務関係にある者の扶養能力を判断するにあたり、所得税が課されない程度の収入を得ている者は、扶養能力がないものとして取り扱ってよいか。
答　給与所得者については、資産が特に大きい等、他に特別の事由がない限り、お見込みのとおり取り扱って差しつかえない。給与所得者であってもこの取扱いによることが適当でないと認められる者及び給与所得者以外の者については、各種収入額、資産保有状況、事業規模等を勘案して、個別に判断すること。

(2) 次に掲げる者（以下「重点的扶養能力調査対象者」という。）については、更にアからエにより扶養能力を調査すること。
　① 生活保持義務関係にある者
　② ①以外の親子関係にある者のうち扶養の可能性が期待される者
　③ ①、②以外の、過去に当該要保護者又はその世帯に属する者から扶養を受ける等特別の事情があり、かつ、扶養能力があると推測される者
　　ア 重点的扶養能力調査対象者が保護の実施機関の管内に居住する場合には、実地につき調査すること。
　　　重点的扶養能力調査対象者が保護の実施機関の管外に居住する場合には、まずその者に書面により回答期限を付して照会することとし、期限までに回答がないときは、再度期限を付して照会を行うこととし、なお回答がないときは、その者の居住地を所管する保護の実施機関に書面をもって調査依頼を行うか、又はその居住地の市町村長に照会すること。ただし、重点的扶養能力調査対象者に対して直接照会することが真に適

資料①　生活保護法における扶養義務に関する次官通知・局長通知・課長通知

　　　　　　　当でないと認められる場合には、まず関係機関等に対して照会を行い、なお扶養能力が明らかにならないときは、その者の居住地を所管する保護の実施機関に書面をもって調査依頼を行うか、又はその居住地の市町村長に照会すること。
　　　　　　　なお、相当の扶養能力があると認められる場合には、管外であっても、できれば実地につき調査すること。
　　　　イ　調査は、重点的扶養能力調査対象者の世帯構成、職業、収入、課税所得及び社会保険の加入状況、要保護者についての税法上の扶養控除及び家族手当の受給並びに他の扶養履行の状況等について行うこと。
　　　　ウ　アの調査依頼を受けた保護の実施機関は、原則として３週間以内に調査の上回答すること。
　　　　エ　調査に際しては、重点的扶養能力調査対象者に要保護者の生活困窮の実情をよく伝え、形式的にわたらないよう留意すること。
　(3)　重点的扶養能力調査対象者以外の扶養義務者のうち扶養の可能性が期待される者については、次により扶養能力を調査すること。なお、実施機関の判断により、重点的扶養能力調査対象者に対する調査方法を援用しても差しつかえない。
　　　　ア　重点的扶養能力調査対象者以外の扶養義務者のうち扶養の可能性が期待される者への照会は、原則として書面により回答期限を付して行うこと。なお、実施機関の判断により電話連絡により行うこととしても差しつかえないが、不在等により連絡が取れない場合については、再度の照会又は書面による照会を行うこと。また、電話連絡により照会した場合については、その結果及び聴取した内容をケース記録に記載するとともに、金銭的な援助が得られる場合については、その援助の内容について書面での提出を求めること。
　　　　イ　実施機関において重点的扶養能力調査対象者以外の扶養義務者のうち扶養の可能性が期待される者に対して直接照会することが真に適当でないと認められる場合には、扶養の可能性が期待できないものとして取り扱うこと。
　　　　ウ　照会の際には要保護者の生活困窮の実情をよく伝えるとともに、重点的扶養能力調査対象者以外の扶養義務者のうち扶養の可能性が期待される者の世帯構成、職業、収入、課税所得及び社会保険の加入状況、要保護者についての税法上の扶養控除及び家族手当の受給並びに他の扶養履行の状況等の把握に努めること。
　(4)　扶養の程度及び方法の認定は、実情に即し、実効のあがるように行うものとし、扶養義務者の了解を得られるよう努めること。この場合、扶養においては要保護者と扶養義務者との関係が一義的であるので、要保護者をして直

資料①　生活保護法における扶養義務に関する次官通知・局長通知・課長通知

接扶養義務者への依頼に努めさせるよう指導すること。
(5) 扶養の程度は、次の標準によること。
　ア　生活保持義務関係（第1の2の(4)のイ、同(5)のイ、ウ若しくはオ又は同(8)に該当することによって世帯分離された者に対する生活保持義務関係を除く。）においては、扶養義務者の最低生活費を超過する部分
　イ　第1の2の(4)のイ、同(5)のイ、ウ若しくはオ又は同(8)に該当することによって世帯分離された者に対する生活保持義務関係並びに直系血族（生活保持義務関係にある者を除く。）兄弟姉妹及び相対的扶養義務者の関係（以下「生活扶助義務関係」という。）においては、社会通念上それらの者にふさわしいと認められる程度の生活を損わない限度

> 〈課長通知　第5の4〉
> 問4　局長通知第5の2の(5)のアは、生活保持義務関係にある者の同居の事実の有無又は親権の有無にかかわらず適用されるものと思うが、どうか。
> 答　お見込みのとおりである。

(6) 扶養の程度の認定に当たっては、次の事項に留意すること。
　ア　扶養義務者が生計中心者であるかどうか等その世帯内における地位等を考慮すること。
　イ　重点的扶養能力調査対象者以外の者が要保護者を引き取ってすでになんらかの援助を行っていた場合は、その事情を考慮すること。

第5-3　扶養義務者への通知について

保護の開始の申請をした要保護者について、保護の開始の決定をしようとする場合で、要保護者の扶養義務者に対する扶養能力の調査によって、法第77条第1項の規定による費用徴収を行う蓋然性が高いなど、明らかに扶養義務を履行することが可能と認められる扶養義務者が、民法に定める扶養を履行していない場合は、要保護者の氏名及び保護の開始の申請があった日を記載した書面を作成し、要保護者に保護の開始の決定をするまでの間に通知すること。

> 〈課長通知　第5の5〉
> 問5　局長通知第5の3及び4の(1)における「明らかに扶養義務を履行することが可能と認められる扶養義務者」とはどのような者をいうか。
> 答　当該判断に当たっては、局長通知第5の2による扶養能力の調査の結果、①定期的に会っているなど交際状況が良好であること、②扶養義務者の勤務先等から当該要保護者に係る扶養手当や税法上の扶養控除を受けていること、③高額な収入を得ているなど、資力があることが明らかであること等を総合的に勘案し、扶養義

資料① 生活保護法における扶養義務に関する次官通知・局長通知・課長通知

> 務の履行を家庭裁判所へ調停又は審判の申立てを行う蓋然性が高いと認められる者をいう。

第5-4 扶養の履行について

(1) 扶養能力の調査によって、要保護者の扶養義務者のうち、法第77条第1項の規定による費用徴収を行う蓋然性が高いなど、明らかに扶養義務を履行することが可能と認められる扶養義務者が、民法に定める扶養を履行していない場合は、書面により履行しない理由について報告を求めること。

(2) 重点的扶養能力調査対象者が十分な扶養能力があるにもかかわらず、正当な理由なくして扶養を拒み、他に円満な解決の途がない場合には、家庭裁判所に対する調停又は審判の申立てをも考慮すること。この場合において、要保護者にその申立てを行わせることが適当でないと判断されるときは、社会福祉主事が要保護者の委任を受けて申立ての代行を行ってもよいこと。なお、重点的扶養能力調査対象者以外の者について家庭裁判所に対して調停等を申立てることを妨げるものではない。

(3) (2)の場合において、必要があるときは、(2)の手続の進行と平行してとりあえず必要な保護を行ない、家庭裁判所の決定があった後、法第77条の規定により、扶養義務者から、扶養可能額の範囲内において、保護に要した費用を徴収する等の方法も考慮すること。

なお、法第77条の規定による費用徴収を行なうに当たっては、扶養権利者が保護を受けた当時において、当該扶養義務者が法律上の扶養義務者であり、かつ、扶養能力があったこと及び現在当該扶養義務者に費用償還能力があることを確認すること。

(4) 扶養義務者の扶養能力又は扶養の履行状況に変動があったと予想される場合は、すみやかに、扶養能力の調査を行い、必要に応じて(1)の報告を求めたうえ、再認定等適宜の処理を行うこと。

なお、重点的扶養能力調査対象者に係る扶養能力及び扶養の履行状況の調査は、年1回程度は行うこと。

資料② 生活保護法における扶養義務に関する「生活保護問答集」の抜粋

資料② 生活保護法における扶養義務に関する「生活保護問答集」の抜粋

> 「生活保護問答集について」(各都道府県、指定都市、中核市民生主管部(局)長宛　平成21年3月31日厚生労働省社会・援護局保護課長事務連絡)

第5　扶養義務の取扱い

〈生活保護と私的扶養〉

　「扶養義務者による扶養」は、旧法が私的扶養を受けることができる条件を有している者には公的扶養を受ける資格を与えないという立場をとっていたのに対し、現行の生活保護法では、第4条第2項において、「保護に優先して行われる」ものと定めており、同条第1項に定める「保護の要件」とは異なる位置づけのものとして規定している。

　「扶養請求権」は、それが利用し得るものである限りにおいて第1項にいう「その他あらゆるもの」に含まれると解することができるのではないかとの疑問が生じるが、ここでいう「その他あらゆるもの」とは、例えば年金受給権のように、「現実には資産となっていないが、要保護者本人が努力(手続き等)することによって容易に資産となり得るもの」を指している。

　これを扶養にあてはめて考えてみると、「扶養義務者による扶養」が資産(金銭)となり得るためには、要保護世帯以外の第三者である扶養義務者が扶養の能力と扶養する意思を有していることが必要となる。すなわち、要保護者本人の努力のみで資産となり得るものではなく、それが単なる期待可能性に過ぎない状態においては、第1項の「その他あらゆるもの」に含むことはできない。

　一方で、例えば、扶養義務者が月々の金銭援助を申し出ている場合など、扶養義務者に扶養能力があり、かつ扶養をする意思があることが明らかである場合においては、扶養義務者の扶養は、要保護者本人の扶養請求権の行使(努力)によって、資産(金銭)となり得ることになる。したがって、このような場合には、扶養請求権の行使は保護の要件として位置づけられることになる。

　なお、私的扶養の果たす社会的機能や国民の扶養に対する意識は時代とともに変化するものであり、不要の問題を考えるにあたっては、常にこのような時代の変化をふまえて判断していかなくてはならないものである。

〈生活保護制度における扶養義務〉

　民法における扶養義務の規定は、その人的範囲として、夫婦のほかに、直系血族及び兄弟姉妹(絶対的扶養義務者)とこれら以外の三親等内の親族(相対的扶養義務者)で家庭裁判所の審判を受けた者とを定めるのみで、具体的な扶養の順位、程度、方法については当事者の協議及び家庭裁判所の審判に委ねている。こ

資料② 生活保護法における扶養義務に関する「生活保護問答集」の抜粋

れに対し、生活保護制度では民法の解釈上通説とされている「生活保持義務関係」と「生活扶助義務関係」の概念を採用し、生活保護制度における扶養義務の取扱いの目安としている。これらの関係を表で示せば次のとおりである。

扶養義務の内容＼民法上の位置	第752条 夫婦	第877条第１項 絶対的扶養義務者	第877条第２項 相対的扶養義務者
生活保持義務関係	夫婦	親の未成熟の子に対する関係（※）	
生活扶助義務関係		直系血族（※を除く）及び兄弟姉妹	三親等内の家族で家庭裁判所が特別の事情ありと認める者

　実際に生活保護を実施する上においては、民法上の扶養義務を直ちに家庭裁判所に申し立てるなどして法律上の問題として取り運ぶことはその性質上なるべく避けることが望ましく、努めて当事者間における話合いによって解決し円満裡に履行させることが本旨である。
　なお、相対的扶養義務者については、実際に家庭裁判所において扶養義務創設の審判がなされる蓋然性が高い、次のような状況にある者に限って保護制度との調整の対象となる扶養義務者としてとらえることとしている。
　(1)　現に扶養を実行している者
　(2)　過去に当該要保護者から扶養を受けたことがある場合等扶養の履行を期待できる特別の事情があり、かつ、扶養能力があると推測される者

〈扶養義務者の存否の確認と扶養能力の調査〉
　保護の実施機関が行う扶養に関する調査については、まず上記の扶養義務者の存否の確認から行わなくてはならない。この作業は、要保護者からの申告を基本としつつ、必要に応じて戸籍謄本等によって行うこととなる。（局第５の１の(1)）
　以上の作業で確認された扶養義務者については、要保護者その他からの聞き取り等の方法により扶養の可能性の調査を行うこととなる。なお、調査にあたっては、金銭的な扶養の可能性のほか、要保護世帯の日常生活・社会生活自立の観点から、定期的な訪問や連絡、一時的な子どもの預かり等、精神的な支援についても確認することとしている。（局第５の２の(1)）
　その結果、「扶養義務履行が期待できない」と判断された場合は、扶養義務者が生活保持義務関係にある者であれば、まず関係機関等に対して照会を行い、なお扶養能力が明らかにならないときはその者の居住地を所管する保護の実施機関に文書で調査を依頼するか、又はその居住地の市町村に照会することとなっている。また、生活保持義務関係にある者以外の者の場合は、個別に慎重な検討を行

資料② 　生活保護法における扶養義務に関する「生活保護問答集」の抜粋

い扶養の可能性がないものとして取り扱って差し支えないものとしている。なお、いずれの場合も保護台帳、ケース記録等に当該検討経過及び判定について明記する必要がある。(課第5の2)

したがって、局第5の2の(2)に定める、文書による扶養義務者への照会等の扶養能力調査は、以上の作業の結果「扶養義務の履行が期待できる」と判断される者に対して行うものであることに注意する必要がある。

以上の手順をフローチャートで示すと以下のとおりとなる。

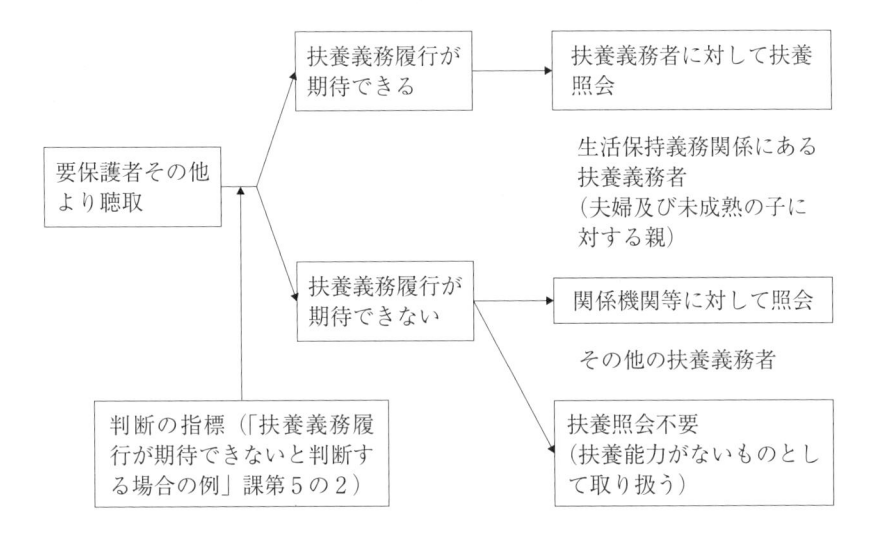

```
                    ┌─扶養義務履行が──→ 扶養義務者に対して扶養
                    │  期待できる         照会
                    │
                    │                    生活保持義務関係にある
                    │                    扶養義務者
要保護者その他 ──→ ┤                    (夫婦及び未成熟の子に
より聴取            │                     対する親)
                    │
                    │
                    └─扶養義務履行が──→ 関係機関等に対して照会
                       期待できない
                         ↑               その他の扶養義務者
                         │
                         │             ─→ 扶養照会不要
                    判断の指標(「扶養義務履    (扶養能力がないものと
                    行が期待できないと判断す    して取り扱う)
                    る場合の例」課第5の2)
```

なお、扶養能力調査については、社会常識及び実効性の観点から、①生活保持義務関係者、②生活保持義務関係以外の親子関係にある者のうち扶養の可能性が期待される者、③その他当該要保護世帯と特別な事情があり、かつ扶養能力があると推定される者を「重点的扶養能力調査対象者」として重点的に調査を実施することとし、それ以外の扶養義務者については、必要最小限度の調査をすることとしている。

> (問5-1)〔扶養義務履行が期待できない者の判断基準〕
> 　課第5の2の答にある「実施機関がこれらと同様と認める者」及び「要保護者の生活歴等から特別な事情があり明らかに扶養ができない者」というのは、具体的にどのような者を指すのか。

(答)　前者については、例えば長期入院患者、主たる生計維持者ではない非稼働者、未成年者、概ね70歳以上の高齢者などが想定される。後者については、例

125

資料②　生活保護法における扶養義務に関する「生活保護問答集」の抜粋

えば20年間音信不通である等が想定される。

> （問5-4）〔相対的扶養義務者に対する調査の意義〕
> 　被保護者が家庭裁判所の審判のない一定の相対的扶養義務者に対して生活保護法上扶養義務の履行を求めるべき場合の法律的根拠を教示されたい。

　　　〔参照〕　民法第877条第2項
　　　　　　　局第5-1-(1)-イ
（答）　具体的な法律上の根拠はない。局第5の1の(1)のイの取扱いは、家庭裁判所においても、同様の事情によって判断されるから扶養義務の確認審判を求める場合における関係者の時間、費用等の負担を省き、また、当事者間の感情的摩擦を避けるという意味合いから、かかる取扱いによることとしたものである。従って、局第5の1の(1)のイに該当する場合には、相手方たる相対的扶養義務者に対し、かかる取扱いを行う趣旨について十分説明し、納得を得るよう努めるべきである。なお、当該相対的扶養義務者があくまでかかる方法による扶養の履行を拒んだ場合には家庭裁判所に審判を求める必要がある。

> （問5-8）〔扶養義務調査の頻度〕
> 　局第5の4の(4)で重点的扶養能力調査対象者に係る扶養能力及び扶養の履行状況の調査は年1回程度は行うこととされているが、例えば扶養能力調査の結果、子供の就学費用のため、扶養の可能性が期待できない等の実情が明らかとなったときは、当該世帯の実情に対応して適宜調査することとして差し支えないか。

　　　〔参照〕　局第5-3-(3)
（答）　お見込みのとおりである。

> （問5-10）〔扶養能力の程度と扶養義務不履行の申立て〕
> 　被保護世帯甲は、母と子3人からなる母子世帯であり、母は内職をし、長女は中学校卒業後某町工場に勤務している。母には某会社の部長をしている兄があり、その兄の子2人はそれぞれ大学に通っている。しかし、母の結婚がその兄の反対を無視して行われたという経緯から、その兄は甲世帯に対しなんら援助をしてくれない。このような場合、扶養義務の履行に関して家庭裁判所に申立てを行わせるべきか。

　　　〔参照〕　局第5-2-(5)-イ
（答）　扶養義務に関する審判又は調停の申立ては、扶養義務が履行されないとい

資料② 　生活保護法における扶養義務に関する「生活保護問答集」の抜粋

う事実があることのみをもって行ってよいものではなく、扶養義務の円滑な履行について保護の実施機関として誠心誠意の努力をつくしたにもかかわらず、相手がこれに応ぜず、しかも、要保護者との親近関係、従来の交際状況、収入、資産等の諸事情を検討した結果、十分扶養能力があると判断される場合に、はじめて問題とすべきものである。したがって、設問の場合も、兄の世帯の生活状況等を勘案し、かつ、過去の経緯等も考慮した上で判断すべきである。

(問5-12)〔重点的扶養能力調査対象者以外の扶養義務者への扶養能力調査〕
　局第5の2の(3)によれば、重点的扶養能力調査対象者以外の扶養義務者への扶養能力調査については、実地につき調査を行わないこととして差し支えないか。また、原則として書面により回答期限を付して行うこととされているが、期限までに回答がない場合にはどのようにすればよいか。

〔参照〕 局第5-2-(3)
(答)　前段については、お見込みのとおりであり、後段については再度期限を付して照会するまでもなく、扶養の可能性がないものとして取り扱って差し支えない。
　なお、いずれの場合であっても、実施機関の判断により重点的扶養能力調査対象者に対する調査方法を援用しても差し支えないこととしている。

資料③ 「生活保護法の一部を改正する法律」(平成25年12月13日公布、法律第105号)新旧対照表(扶養義務にかかる部分を抜粋)

新	旧
(申請による保護の開始及び変更) 第24条 1～7 (略) 8 保護の実施機関は、知れたる扶養義務者が民法の規定による扶養義務を履行していないと認められる場合において、保護の開始の決定をしようとするときは、厚生労働省令で定めるところにより、あらかじめ、当該扶養義務者に対して書面をもつて厚生労働省令で定める事項を通知しなければならない。ただし、あらかじめ通知することが適当でない場合として厚生労働省令で定める場合は、この限りでない。	第24条 (新設)
(報告、調査及び検診) 第28条 保護の実施機関は、保護の決定若しくは実施又は第77条若しくは第78条(第3項を除く。次項及び次条第1項において同じ。)の規定の施行のため必要があると認めるときは、要保護者の資産及び収入の状況、健康状態その他の事項を調査するために、厚生労働省令で定めるところにより、当該要保護者に対して、報告を求め、若しくは当該職員に、当該要保護者の居住の場所に立ち入り、これらの事項を調査させ、又は当該要保護者に対して、保護の実施機関の指定する医師若しくは歯科医師の検診を受けるべき旨を命ずることができる。	(調査及び検診) 第28条 保護の実施機関は、保護の決定又は実施のため必要があるときは、要保護者の資産状況、健康状態その他の事項を調査するために、要保護者について、当該職員に、その居住の場所に立ち入り、これらの事項を調査させ、又は当該要保護者に対して、保護の実施機関の指定する医師若しくは歯科医師の検診を受けるべき旨を命ずることができる。
2 保護の実施機関は、保護の決定若しくは実施又は第77条若しくは第78	(新設)

資料③ 「生活保護法の一部を改正する法律」新旧対照表

条の規定の施行のため必要があると認めるときは、保護の開始又は変更の申請書及びその添付書類の内容を調査するために、厚生労働省令で定めるところにより、要保護者の扶養義務者若しくはその他の同居の親族又は保護の開始若しくは変更の申請の当時要保護者若しくはこれらの者であつた者に対して、報告を求めることができる。 3 　第1項の規定によつて立入調査を行う当該職員は、厚生労働省令の定めるところにより、その身分を示す証票を携帯し、かつ、関係人の請求があるときは、これを提示しなければならない。 4 　（略） 5 　保護の実施機関は、要保護者が第1項の規定による報告をせず、若しくは虚偽の報告をし、若しくは立入調査を拒み、妨げ、若しくは忌避し、又は医師若しくは歯科医師の検診を受けるべき旨の命令に従わないときは、保護の開始若しくは変更の申請を却下し、又は保護の変更、停止若しくは廃止をすることができる。 （資料の提供等） 第29条　保護の実施機関及び福祉事務所長は、保護の決定若しくは実施又は第77条若しくは第78条の規定の施行のために必要があると認めるときは、次の各号に掲げる者の当該各号に定める事項につき、官公署、日本年金機構若しくは国民年金法（昭和34年法律第141号）第3条第2項に規定する共済組合等（次項において	2 　前項の規定によつて立入調査を行う当該職員は、厚生労働省令の定めるところにより、その身分を示す証票を携帯し、且つ、関係人の請求があるときは、これを呈示しなければならない。 3 　（略） 4 　保護の実施機関は、要保護者が第1項の規定による立入調査を拒み、妨げ、若しくは忌避し、又は医師若しくは歯科医師の検診を受けるべき旨の命令に従わないときは、保護の開始若しくは変更の申請を却下し、又は保護の変更、停止若しくは廃止をすることができる。 （調査の嘱託及び報告の請求） 第29条　保護の実施機関及び福祉事務所長は、保護の決定又は実施のために必要があるときは、要保護者又はその扶養義務者の資産及び収入の状況につき、官公署に調査を嘱託し、又は銀行、信託会社、要保護者若しくはその扶養義務者の雇主その他の関係人に、報告を求めることができる。

129

資料③ 「生活保護法の一部を改正する法律」新旧対照表

「共済組合等」という。）に対し、必要な書類の閲覧若しくは資料の提供を求め、又は銀行、信託会社、次の各号に掲げる者の雇主その他の関係人に、報告を求めることができる。 一　要保護者又は被保護者であつた者　氏名及び住所又は居所、資産及び収入の状況、健康状態、他の保護の実施機関における保護の決定及び実施の状況その他政令で定める事項（被保護者であつた者にあつては、氏名及び住所又は居所、健康状態並びに他の保護の実施機関における保護の決定及び実施の状況を除き、保護を受けていた期間における事項に限る。） 二　前号に掲げる者の扶養義務者　氏名及び住所又は居所、資産及び収入の状況その他政令で定める事項（被保護者であつた者の扶養義務者にあつては、氏名及び住所又は居所を除き、当該被保護者であつた者が保護を受けていた期間における事項に限る。） ２　別表第１の上欄に掲げる官公署の長、日本年金機構又は共済組合等は、それぞれ同表の下欄に掲げる情報につき、保護の実施機関又は福祉事務所長から前項の規定による求めがあつたときは、速やかに、当該情報を記載し、若しくは記録した書類を閲覧させ、又は資料の提供を行うものとする。	 （新設）

【参考文献等】
〈書籍〉
『生活保護手帳2014年度版』（中央法規、2014年）
『生活保護手帳　別冊問答集2014』（中央法規、2014年）
青山道夫『家族法論Ⅰ〔改訂〕』（法律文化社、1971年）
有地亨編『現代家族法の諸問題』（弘文堂、1990年）
大阪弁護士会貧困・生活再建問題対策本部編『Q&A生活保護利用者をめぐる法律相談』（新日本法規、2014年）
裁判所職員総合研修所監修『親族法相続法講義案〔6訂版〕』（司法協会、2000年）
島津一郎教授古稀『講座現代家族法　第4巻　親権・後見・扶養』（日本評論社、1992年）
下夷美幸『養育費政策にみる国家と家族』（勁草書房、2008年）
下夷美幸『イギリスにおける養育費政策の変容』（法政大学大原社会問題研究所、2012年）
生活保護問題対策全国会議編『間違いだらけの生活保護「改革」』（明石書店、2013年）
生活保護問題対策全国会議編『間違いだらけの生活保護バッシング』（明石書店、2012年）
谷口知平ほか編『新版注釈民法㉕　親族(5)〔改訂版〕』（有斐閣、2004年）
東京弁護士会法友全期会家族法研究会『離婚・離縁事件実務マニュアル〔改訂版〕』（ぎょうせい、2008年）
中川善之助教授還暦『家族法大系　第5　親権・後見・扶養』（有斐閣、1960年）
中川善之助先生追悼『現代家族法大系3　親子・親権・後見・扶養』（有斐閣、1979年）
二宮周平『家族法〔第4版〕』（新世社、2013年）
橋本昇二＝三谷忠之『実務家族法講義〔第2版〕』（民事法研究会、2012年）
深谷松男『現代家族法〔第3版〕』（青林書院、1997年）

〈論文〉
打矢恵「アメリカの公的支援制度と養育費強制プログラム」東洋法学54巻1号277頁以下（2010年）
冷水登紀代「ドイツ法における血族扶養の基本構造と根拠㈠㈡」阪大法学53巻2号519頁以下（2003年）・53巻5号1191頁以下（2004年）
冷水登紀代「ドイツにおける扶養の限界と判断基準――社会扶助制度との関連の中で――㈠㈡」帝塚山法学11号67頁以下・12号25頁以下（2006年）
社会労働調査室・課（山本真生子・齊藤純子・岡村美保子）「諸外国の公的扶助制度――イギリス、ドイツ、フランス――」調査と情報789号（2013年）

参考文献等

田中通裕「注釈・フランス家族法(4)」法と政治62巻3号1384頁以下（2011年）
「〈小特集〉民法766条改正の意義と課題――子の監護に要する費用の分担をめぐって」法時2014年7月号
東京・大阪養育費等研究会「簡易迅速な養育費等の算定を目指して――養育費・婚姻費用の算定方式と算定表の提案」判タ1111号（2003年）
中野妙子「スウェーデンの失業者・生活困窮者に対する所得保障制度（2・完）」法政論集249号212頁以下
二文字理明＝木村恵巳「新『社会サービス法』の翻訳と解題」発達人間学論叢8号121頁
服部有希「フランスにおける最低所得保障制度改革――活動的連帯所得手当RSAの概要――」外国の立法253号33頁以下（2012年）
松村祥子＝出雲祐二＝藤森宮子「社会福祉に関する日仏用語の研究(2)」放送大学研究年報23号97頁以下（2005年）
山脇貞司「フランス扶養法の若干の問題――養育義務と狭義の親族扶養義務の比較検討を中心として――」香川大学経済論叢44巻4・5・6号47頁以下（1972年）
LIBRA2013年11月号（東京弁護士会）
Ministry of Justice Sweden "Family Law Information on the rules" August, 2013

〈その他〉
安心社会実現会議「安心と活力の日本へ（安心社会実現会議報告）」
　〈http://www.kantei.go.jp/jp/singi/ansin_jitugen/kaisai/dai05/05siryou1-1.pdf〉
厚生労働省「我が国の生活保護制度の諸問題にかかる主要各国の公的扶助制度の比較に関する調査」（2004年3月）
社会保障国民会議「社会保障国民会議最終報告」〈http://www.kantei.go.jp/jp/singi/kokuminkaigi/pdf/houkokusyo.pdf〉
社会保障制度改革国民会議「社会保障制度改革国民会議報告書」〈http://www.kantei.go.jp/jp/singi/kokuminkaigi/pdf/houkokusyo.pdf〉
内閣府「社会保障・税一体改革大綱について」〈http://www.cas.go.jp/jp/seisaku/syakaihosyou/kakugikettei/240217kettei.pdf〉
菱木スウェーデン法研究所〈http://www.senshu-u.ac.jp/School/horitu/researchcluster/hishiki/〉

《関係者一覧》

■2014年度　近弁連人権擁護委員会夏期研修会実行委員

〇＝本書執筆者

《大阪弁護士会》

　東　　　奈央　　　　江村　智禎　　　　大橋さゆり　　　　奥田　愼吾
　尾﨑　夏樹　　　　小野　順子　　　〇康　　由美　　　　喜田　崇之
　木原万樹子　　　　楠　　晋一　　　　久堀　　文　　　〇小久保哲郎
　下迫田浩司　　　〇鈴木　節男　　　　中西　　基　　　〇林　　慶行
〇普門　大輔　　　　松田　直弘　　　　松宮　良典　　　　南　　和行
〇安永　一郎　　　　吉田　昌史　　　　吉村　友香　　　　吉本　由希
〇和田　信也

《京都弁護士会》

　清洲　真里　　　　佐野　就平　　　　民谷　　渉　　　〇森田　基彦
　諸富　　健

《兵庫県弁護士会》

　佐藤　功行　　　〇西部　智子

《滋賀弁護士会》

　杉山　佐枝子　　　立石　義人

《和歌山弁護士会》

　藏田　貴之　　　　森田　拓哉

■特別寄稿

　本澤巳代子（筑波大学教授）

生活保護と扶養義務

平成26年11月13日　第1刷発行

定価　本体1,400円＋税

編　　者　近畿弁護士会連合会
発　　行　株式会社　民事法研究会
印　　刷　株式会社　太平印刷社

発行所　株式会社　民事法研究会
　〒150-0013　東京都渋谷区恵比寿3-7-16
　TEL 03(5798)7257(営業)　FAX 03(5798)7258(営業)
　TEL 03(5798)7277(編集)　FAX 03(5798)7278(編集)
　http://www.minjiho.com/　info@minjiho.com

落丁・乱丁はおとりかえします。　ISBN978-4-89628-980-0 C2032 ￥1400E
カバーデザイン　関野美香